AF222084

Haiku heute

Im Gegenlicht
Haiku-Jahrbuch 2024

Edition Blaue Felder, Tübingen

Was ist ein Haiku?[1]

Haiku sind Kurzgedichte. Ihre besonderen Merkmale:
Kürze: Sie werden meist in drei Zeilen gesetzt.
Gegenwärtigkeit: Haiku sind in der Gegenwart. Wenn andere Zeiten vorkommen, dann sind es Erinnerungen oder Zukunftsfantasien, die jemand in der Gegenwart hat.
Konkretheit: Haiku stellen ein Erleben konkret dar, sinnlich miterlebbar, sie reden nicht abstrakt über die Welt, sondern zeigen sie.
Offenheit: Nach dem Lesen sollte ein Nachhall, etwas Ungesagtes, offen Gelassenes bleiben.
Endreime und Überschriften gibt es nicht.

Impressum

Haiku heute ist ein Projekt zur Förderung des deutschsprachigen Kurzgedichts.
www.haiku-heute.de erstellt aus den dort eingereichten Texten Monatsauswahlen. Die Jahrbücher versammeln davon die interessantesten Verse jedes Jahres, ergänzt durch nur für das Jahrbuch eingereichte Haiku und weitere Texte.

Edition Blaue Felder, Volker Friebel,
Denzenbergstraße 29, 72074 Tübingen (Deutschland)
www.volker-friebel.de

Verlag: BoD · Books on Demand GmbH,
Überseering 33, 22297 Hamburg, bod@bod.de
Druck: Libri Plureos GmbH, Friedensallee 273,
22763 Hamburg
ISBN: 978-3-8192-4463-6

Redaktion, Gestaltung, Foto: Volker Friebel
Lektorat: Elisabeth Menrad
Veröffentlicht: April 2025

---

1 Nach: Volker Friebel (2019): Das Haiku. Grundwissen – Vertiefungen – der Horizont. Edition Blaue Felder.

Inhalt

Vorwort   **5**

Haiku   **7**

Sonderbeiträge   **101**
Tan-Renga   101
Ukraine-Krieg   103

Das Haiku-Jahr   **104**
Bücher   104
Das Netz   104

Autoren   **107**
Archiv   124

Vorwort

Das Haiku-Jahrbuch erscheint seit dem Jahr 2003. Ziel ist es, Herausragendes aus dem Strom der geschriebenen und veröffentlichten Texte festzuhalten, ein Gedächtnis des deutschsprachigen Haiku aufzubauen und zugänglich zu machen.

Die vorliegende Ausgabe des Jahrbuchs enthält 664 Haiku von 143 Autoren, die im Jahre 2024 geschrieben oder erstmals veröffentlicht wurden. Sie stehen als gute Beispiele für die ganze Spannbreite des gegenwärtigen deutschsprachigen Kurzgedichts.

Diesem Vorwort folgt der Hauptteil des Buchs, mit den aufgenommenen Kurzgedichten, aufgeführt unter den alphabetisch gesetzten Autorennamen. Diese Texte stammen vor allem aus der Netzpräsenz ‚Haiku heute‘, die monatlich eine Auswahl erstellt (eingereicht wurden dort 2024 über 5.000 Texte, davon veröffentlicht 943), außerdem aus den Publikationen der Deutschen Haiku-Gesellschaft (Vierteljahresschrift ‚Sommergras‘), aus dem halbjährlich erscheinenden ‚Chrysanthemum‘ sowie aus direkt für dieses Jahrbuch eingereichten Texten.

Es folgen Sonderbeiträge: vier Tan-Renga (zweicliedrige Kettengedichte) als Beispiele für die Möglichkeit, gemeinsam zu dichten, sowie eine Haiku-Sequenz.

Ein letztes Kapitel, ‚Das Haiku-Jahr‘, skizziert den Stand und die Entwicklung im deutschsprachigen Kurzgedicht 2024.

Am Schluss steht das Autorenverzeichnis.

Alle Texte wurden von Volker Friebel ausgewählt, kritisch unterstützt durch Elisabeth Menrad. Prosa ohne Verfasserangabe stammt von Volker Friebel.

Allen Menschen, die Texte eingereicht haben, unseren Dank für ihre Beteiligung, auch wenn nicht alle Beiträge genommen wurden. Wir versuchen bei der Auswahl eine möglichst breite Auffassung von Haiku gelten zu lassen. Trotzdem werden immer wieder auch Texte abgewiesen, die eigentlich gut sind – weil sie Haiku aus vergangenen Jahren ähneln, weil sie zu lang oder zu kurz erscheinen, weil ihnen wichtige Merkmale eines Haiku fehlen, so Gegenwärtigkeit und Konkretheit, oder weil sie sprachliche Probleme aufweisen. Jeder nicht aufgenommene Text kann durch eine Überarbeitung gewinnen.

Die Verse gehen nun hinaus in die Welt, sie mögen Freude verbreiten und bei aller Verschiedenheit ein Miteinander bezeugen, das immer da ist, wenn wir uns unserer Menschlichkeit zuwenden. Sie mögen uns der Natur und auch der von uns selbst geschaffenen Welt im Augenblick des Erlebens näher bringen, besonders dem, was uns hilft und uns heilt, das im Glück, im Licht, im Lachen und in der Trauer und Dunkelheit ist.

Haiku

Elena Abendroth

die Nase im Wind
Fliederduft
Stunden mit dir

Er ist fort
Im See spiegeln sich
Kumuluswolken

Schneeberge
ein Zitronenfalter findet
mich

Marita Bagdahn

Heute
besucht sein Grab
das Eichhörnchen

Neumond –
das Haus des alten Nachbarn
leer geräumt

Putztag
ich poliere das Gesicht
im Spiegel

Trauerfeier
Halt suchen
an den flackernden Kerzen

Christa Beau

Urlaubsende
auf dem Dach des Autos
letzter Schnee

Psychiatrie
in einer Weihnachtskugel
mein Gesicht

Daniel Behrens

Volontärsarbeit –
der Kaffee
schon wieder verunglückt ...

Der Igel rollt sich
zum Ball –
Kinder wollen nur spielen ...

Schreibfluss –
das langsame Trocknen
der Tinte ...

Pilger-Berg ...
Darüber nur noch
der offene Himmel ...

Nachthimmel –
das Herz für alle Sterne
zu klein ...

Thomas Berger

In Mondes Schatten
schleicht ein Katzentier umher
ein Weggenosse

Martin Berner

noch ein Morgen
er jubiliert
mit den Mauerseglern

Toilette
nach dem Abspülen
noch ein Danke

wieder Streit
er wird grob
zu seinem Bonsai

Krieg und Kriegsgeschrei
sie lehnt sich
an einen Baum

mannshohe Gräser
mit denen
übers Vergehen reden

Winterbestattung
die Witwe
in Netzstrümpfen

Martin Berner

Nachrichtenorkan
er sucht Schutz
beim Geißblatt

Herbstastern verblüht
dem Freund
geht es etwas besser

Wolfgang Beutke

Nachrichtenflut ...
dieses Rauschen im Regen
Rashomon

Lidwina Bilgerig

Im Altersheim
rote Lippen soll man küssen
klingt durch den Gang

Katja Birkeneiche

Glasmusik
ein Bach
fliesst durch vier Hände

Siegrun Bleschke

In lichtem Grün
von Blüte zu Blüte taumelnd
tanzt er sein Leben

Christof Blumentrath

das Bad ist frei!
beim Frühstück reden sie
über uns

unser kleiner Fluss
heute spiegelt sich in ihm
nichts

neunter Monat
lächelnd blickt sie
zum Vollmond

Adrian Bouter

Felsenkloster
die ausgetretenen Stufen
zum Himmel

schließe deine Augen Mohnblumen

Balkon
eine Krähe stiehlt Brot
das ich gebe

Adrian Bouter

wirbelnde Blätter
finden nie einen Platz ...
deine letzten Worte

Dulzimer solch stille Akeleien

Notausgang –
ein Schlaflied aus Regen
singt mich

fernes Donnern die Ohren der Hirsche

Ölfrachtzug die Monotonie der Dunkelheit

Sichelmond
von Stille zu Stille
die Heuschrecke

wie man ein Flugzeug baut Herbstregen

unberührte Kiefern
der schmale Pfad
kennt kein Ende

Claudia Brefeld

blaue Stunde
der Mond duftet nach
Pflaumenblüten

rücklings im Gras
den endlosen Himmel
umarmen

altersgebeugt
an seinen Memoiren
Ich mach' mir die Welt

Christa Bringmann

Eierlikör,
der letzte Wunsch
des Sechsundneunzigjährigen

Brigitte ten Brink

es war einmal ...
Schneewittchens Haar
immer noch schwarz

auf der Schaukel
ein Kinderlachen fliegt
hoch zu den Wolken

Brigitte ten Brink

die Antwort
auf all ihre Fragen
Zeitungsrascheln

Blick aus dem Fenster
zu dünn die Haut für den Gang
vor die Tür

wir übermalen dunkle Tage
mit Licht

Ralf Bröker

erster Frost
wir kuscheln uns
in alte Zeiten

deine Prinzessinnenkrone
zwischen Bio-Büchern
Regel-Heften

in der neuen Küche
finde deine Tasse
am alten Platz

nach dem Streit
du weinst in einem anderen Raum

auf kahlen Feldern
meiner Heimat
Feuersteine

Heiner Brückner

das neue Jahr
beginnt mit dem Nebel
vom alten

Im rostigen Helm
des Urgroßvaters das Nest
Turteltauben

Kapellenfenster
die Gottesanbeterin
andächtig

Der Gastarbeiter
zur Rente in der Heimat
ein Zugereister

Dem steinernen Gott
wächst Moos auf den Augen
Spatzen zetern

Horst-Oliver Buchholz

erster Pinselstrich
mein Bild von ihr
endlos

Nebeltage –
der Lerche Gesang
öffnet den Himmel

wie ruhig der Mond steht
im Dunkel der Welt

Stefanie Bucifal

Neujahrsnacht
ich drehe und wende
und drehe mein Blei

Lebenslinien
deine Hände
winterhart

Herbstzeitlose
wie es wäre
sich selbst zu genügen

Pitt Büerken

Bleiglasfenster
Christi Geburt im Licht
der Leuchtreklame

nach dem Tango
sie flüstern einander
Lügen ins Ohr

neue Ernte
die ersten Äpfel
nicht vegan

Sonntagmorgen
die Kirchenglocken läuten
die Kneipen füllen sich

Christian W. Burbach

Dezembermond
im Karpfenteich fische ich
nun Lichter

Gabriele Buschmann

Gesang des Regens
in den Gräsern der Wiese –
ein Reh lauscht

Ostergebet –
im Gelb der Forsythien
die Ahnung von Licht

Ingo Cesaro

Das Bild hinter Glas.
Beobachter gespiegelt –
wird Teil des Motivs.

Cezar-Florin Ciobîcă

die leere Puppe
eines Schmetterlings ...
Sommerende

Hochwasserwarnung
auf jeder Schulbank
ein Papierboot

Cezar-Florin Ciobîcă

Baumhaus
die alte Kasperpuppe
mit weißen Haaren

der Adventskalender
mit geschlossenen Fenstern ...
Kriegsgebiet

Mohnblumen
unter den Weizenähren
das Blut der Vorfahren

Tauwetter ...
der Schneemann verschwindet
in einem Märchen

Beate Conrad

Die Spielplatzwippe
bewegt mit Kindergeschrei
Tagundnachtgleiche

Allerseelen ...
die Tür nach Westen springt
immer wieder auf

inmitten all der Fragezeichen der Mond

Bildet Rauchwölkchen
die Lokomotive die
aus der Tapete kommt

Beate Conrad

EOS erwacht in der Hand
die den Spiegel hält

frisch im Morgenschnee ein Streif Mariä Lichtmeß

Hafen – der Frachter
entfernt sich aus der Wand
des Wolkenkratzers

Kriegsstille eine Kerze beleuchtet die Dunkelheit

Erste Pfingstrose
eine Wasserdampfwolke
steigt aus dem Kühlturm

mit der Stimme einer wogenden Wiese Pfauenauge

Johannisfeuer
ein Tango entfaltet
das Bandoneon

stimmt den Flügel das Duett von Wind und Meer

Nebelhorn der Wintermorgen ein schwerer Mantel

Zum Ende
das Buch immer schwerer –
Herbstabend.

spricht ihn fließend den Rhythmus der Erde
Buntspecht

Beate Conrad

Zikadensurren
die nächtlichen Schaltkreise
meiner Synapsen

Selbstbildnis eine Vorahnung von Schnee

Ein Spiegel meiner anderen Natur ...
                    Geräusch des Wassers

Töpferscheibe ...
mit jeder Umdrehung
der Puls des Blutes

Wartend am Ufer
nichts als der kalte Himmel
im Blick des Fährmanns

nach mutters abschied das meer das meer

Erster Frostmorgen ...
wie es funkelt das Leben
eines Kristalls.

Zorka Čordašević

Pfützen
in den Ackerfurchen
der Sperling trinkt

Abenddämmerung
eine Ameise fällt vom Grashalm
im Tal ein Specht

Zorka Čordašević

Vollmond
die Kerze brennt still
in der Winternacht

Kastanien im Park
die Spaziergänger
haben Blüten im Haar

Schweigende Hunde
der fahle Mond scheint
über dem Dorf

Winseln im Hof
die Hündin
sucht ihre Welpen

Dichter Nebel
hüllt das Dorf ein
der Hahn kräht

Im Schatten des Walnussbaums
die Mutter ruft nach dem Kind
es spielt und spielt

Verona Costache

frischer grüner Tee
Kälte des Wintermorgens
Knacken des Gelenks

Maya Daneva

Grabstein des Enkelkindes ...
das Spiel der Eichhörnchen
auf dem Zypressenbaum

Bootsflüchtlinge ...
die Grenze
hinter der Grenze

Urlaubsschnappschuss
die Augen meiner Schwester leuchten
aus dem Grabstein

Wanderweg
schmaler als im letzten Frühjahr ...
erneutes Hospizgespräch

Christine Dannert

auf dem Waldfriedhof
im Duft der wilden Kamille
dein Lächeln

unter dem Blätterdach mein Herz und der
blabbernde Regen

Reinhard Dellbrügge

Aufwachen.
Vor wenigen Sekunden
konnte ich noch fliegen.

Deichwanderung –
angelehnt
an den Wind.

Alter Holzschnitt –
das zerfurchte Gesicht
eines Landmanns.

Abendstille –
am Tisch allein
mit einer Spinne.

Das Spiegelbild
im nächtlichen Fenster – ich bin es
ich bin es nicht.

Meditation
am Meer. Mein Name versinkt
mit der Abendsonne.

Frank Dietrich

Schneemorgen
die leeren Felder
des Kreuzworträtsels

Koi im Teich gefangen der Mond

Frank Dietrich

ferner Hahnenschrei
ein Riss in der Schale
meines Traums

betrunken
der Bach
lallt

dieser Tautropfen
ich blinzele und
er fällt

alles auf die 7
die Welt schrumpft auf die Größe
der Roulettekugel

alles verloren
die Augen der Würfel
starren zurück

Mondfinsternis
das rote Kleid
das du trugst

eine Sichel
wird zu einer Scheibe
Mondschatten

Kondensstreifen
was bleibt von den Träumen
des Ingenieurs

Frank Dietrich

letztes Lied
der schwere Atem
des Akkordeons

Nachtwind
der Flug des Falters
von Stern zu Stern

blinde Fenster
der Mond
hinter den Lidern

Neujahr
im Glückskeks ein Spruch
den ich schon kannte

von weißen raben geträumt   erster schnee

Thomas Dietz

unruhig erwacht
auf dem Sofa – der Kamin
eiskalt

endlich am Fluss
das Kamel trinkt
Wellenringe

Meditation
zur Kerzenflamme
weggenickt

Kirsten Döbler

Glanzvoll
das zweite Fliegenleben
im Bernstein

Die Pianistin
und der alte Flügel
verstimmt

Ein Kind
ins Gespräch vertieft
mit seinem Schatten

Hildegard Dohrendorf

Eisdiele
mit dem kleinen Laufrad
sein erster Einkauf

Nachtstille
nur das Rauschen der Wildgänse

Nikolaus
in meinen alten Stiefeln
haust eine Maus

Sturmtief
Origami Kraniche falten
mit den Enkeln

durch die Heide,
kleine Hand in meiner ...
die Erde hüpft mit

Sandkasten-Crew
jede Schneeflocke bekommt
einen Namen

jenseits von Sprache
die Stunden ins Eis gebaut
Kinder-Iglu

barfuß durch den Fluss ...
die Kiesel reden
mit jedem anders

der letzte Ton
wie für sich selbst
Domglocke

Hoffnung?
auch zu dieser dünnsten Sichel sag ich
Mond

kurz vor der Arbeit
ihr privates Gesicht
Morgenröte

Jeans im Wind ...
auf dem verwitterten Scheunentor
landet ein Bläuling

Bernadette Duncan

mit der neuen Taschenlampe
raus zu den Sternen
die zwei Schwestern

durch die Lücke
im Gespräch fallen
Schneeflocken

Blaues Haus –
ein kleiner Balkon, Blumen, ein Schirm ...
so wird es sein

Abendglitzern ...
vielleicht ist's egal ob du Staub bist
oder Insekt

Bettina Engel-Wehner

mittagssonne
regentropfen trocknen
auf der wäscheleine

unterm Schirm
die Melodie des Regens
an seinem Grab

Herz aus Stein
unter ihrer Berührung
ein leises Pochen

Hubert Felber

über den Dächern
die ersten Mauersegler
ich hebe mein Glas

letzte Fahrt –
dem Fährmann
eine Münze

Hartmut Fillhardt

Vom Nebentisch
ins Lied der Amsel
Krankengeschichten

Im Duft
deines Flieders
eine Spur Honig

Erster Nebeltag
Im Küchenradio
Mozart

Christiane Freimann

Alle Spiegel
lächeln
neue Frisur.

Marktplatzregenaquarell.

Christiane Freimann

Walpurgis
ihr Haar riecht noch
nach Feuer.

Es ganze Haus voller
Latwerschduft
Die Woimoggelscher danse.

Das ganze Haus voller
Pflaumenmusduft
die Taufliegen tanzen.

Sternmagnolien erblühen
aus des Enkelchens
Asche.

Jans Hosentaschenzettel
gefreut, eingesteckt
mitgewaschen.

Silbersternchen
schweben im Lüftchen
Lanzett-Kratzdistel.

Chilichips
Kartesianischer Tanzteufel
glotzt aus der Flasche.

Wolkenbruch
Es tropft
Töpfe, Eimer, Pfannen!

Forsythien leuchten.
Er startet sein Motorrad,
stürzt sich ins Blau.

Der Weg gesprenkelt
mit Blütenblättern – hoch
fliegt mein Hut!

Erloschener Vulkan.
Die Süße im Geschmack
der Orange.

Land am Meer.
Die Geduld des Grases unter jedem
Eroberer.

Motorbrummen.
Auf der Fahrt durchs Paradies
etwas eingenickt.

Taubengurren.
Wie durch mich die ganze Waldwiese
aufhorcht.

Predigt am Meer.
Durch die offene Tür
Klang von Brandung.

Eine Welt ohne Ausgang.
Spiegelbilder.

Ivan Gaćina

Der Maler schläft ...
ein Rosenblatt
wird zur Morgendämmerung

Eheberatung ...
ihre Versöhnung zwischen
den Schneeflocken

Blind Date ...
ihre Worte verblassen
im Flackern der Kerze

Dieter Gebell

Shipped from Ecuador
10 kg Bananen und
ein Schmetterlingsflügel

Dauerregen
der Gerolsbach macht sich auf den Weg
zum Rathaus

Nach der Flut
Kinder springen lachend
über Sandsäcke

Die Frage verstummt
beim Anblick
der Milchstraße

Dieter Gebell

Über Nacht
das Dorf eine Insel
im gelben Rapsmeer

Frühmesse
der Pfarrer segnet
Kirchenbänke

Buschröschenduft
neben dem Helm Blutspuren
auf dem Asphalt

Helga Maria Gorfer

Staffelei im Grünen –
ein weißes Blatt Papier
fängt an zu blühen.

Im selben Herbstwind
getrennte Wege nehmen
Blatt und Vogel.

Der alte Nachbar –
im roten Kleid seiner Frau
knackt er Walnüsse.

Hans-Ulrich Gosmann

jemand spielt klavier
tanzende federn
im wind

rosenmontag
ihre maske fiel
zum ersten mal

es wird ein haufen zerstört
ameisen im krieg

im visier des panzers
eine gottesanbeterin
verharrt regungslos

Gregor Graf

auf dem küchentisch
die notiz – bin mal weg
habe den uhu gehört

Claus-Detlef Großmann

Nach der Taufe
eilends im Regen
heimwärts

Bonn Bahnhof
Lichtgesichter
Augen wie Aufzugsschächte

Nach dem Kuss
Wer von uns beiden
einsamer ist

Alexander Groth

hochhausfassade
der fensterputzer poliert
cumulus-wolken

Einkaufsmeile –
das Mädchen spielt Gitarre
für ein Taubenpaar

Strandmaskenball –
meine Freundin und ich, geschminkt
als Geishas

bergwanderung
der tauende schnee zwischen
unseren lippen

discobesuch
das kondom in seiner geldbörse
abgelaufen

soufflage
auf dem kafka-skript ruht
ein käfer

frühlingssonne
ihr strahlen
nach dem scheidungstermin

in der onkologie
noch am leben
sein tamagotchi

einschulung
zwischen den kindern fällt
das wort „krieg"

Kriegsbeginn –
in den Augen ihrer Tochter
Großmutters Tränen

kriegstagebuch
nach dem ersten eintrag
leere

feldpost –
sie fragt ihn nach namen
für ein mädchen

live-konzert
vor der bildschirmwand eine wand
aus bildschirmen

nach der disco
das fade mondlicht
in der urinpfütze

origami-drache
das letzte
was sie mich lehrte

picknick im park
die kuchenkrümel
krabbeln davon

großstadtsmog
auf der biotonne
koksreste

sommerflirt
ihre unverhüllten
melanome

am urinal
kurz bevor's die fliege trifft
summt sie davon

waldspaziergang
eine schneeflocke verfängt sich
in deinen wimpern

Alexander Groth

ostwind
die vergessenen träume
meiner großmutter

dorfkneipe
zwei männer diskutieren
den nächsten atombombenabwurf

wintermorgen
der schlafsack vorm häuserblock
leer

Nachtkerzen
zu einem Schatten werden
mit dir

Ruth Guggenmos-Walter

die amsel
hüpft die stufen
der dämmerung hinauf ...

der tag
nebelgrau –
maulwurfsgesang ...

so nah dem wunderbaren
im gelben rauschen
der pappel ...

Taiki Haijin

Regenwetter
die verlorene Urlaubsbarbie
am Spülsaum

Claus Hansson

roter Mohn
ausgesetzt dem Regen
auch wir

Sturmtief –
das beständige Klappern
ihrer Stricknadel

Herbstwind –
sorgfältig sortiert er
ihre Briefe

Gabriele Hartmann

Januarmorgen
in unseren Worten
noch Lametta

überm Beaujolais sein flackernder Blick Abendrot

Orchesterprobe
ein Kind spendet
Applaus

Gabriele Hartmann

Schneeverwehungen
sie drückt seinen Anruf
weg

Ewigkeitswald – die Spuren verlieren sich

Trauergespräch
der Zucker in der Dose
verklumpt

warmes Brot
die Stille nach dem Brechen
der Kruste

Gegenwind
ich erhebe
meine Stimme

Streetart
ein Hund signiert
den Wendehammer

Georges Hartmann

Aufklärungsflug
beim rostigen Gleis nisten
Lerchen im Schotter

Zur Friedensdemo
ein Grußwort
vom lieben Gott

Sylvia Hartmann

Glockengeläut
am Sonntagmorgen – viele strömen
zum Bäcker

das Rauschen
der nahen Autobahn bis
in meine Träume

Stofftier – überrollt
vor dem Gedenkort für ein
Verkehrsopfer

Brückengeländer
am Boden ein Liebesschloß
durchgerostet

Bernhard Haupeltshofer

den hörer in der hand
am offenen fenster: regen
laß mich noch nicht los

Birgit Heid

Gänsezug
so fern
meine Heimat

Neumond
mein Traum vom gefundenen Geld

Birgit Heid

Sonnwendfeuer
als hätte ich
schon einmal gelebt

Kerzenwachsspritzer
auf meiner Brille ein Hauch von
Erleuchtung

Magnolienknospen
es wird kühl
zwischen uns

Valentinstag
er erzählt über
Gift in Rosen

Herbststurm
wie sie fortwehen
meine Kinder

Hubert Heizmann

im Abendlicht –
sie tanzt mit
ihrem Schatten

beim Frühstück
mit dem Spiegelei
Aug in Aug

Hubert Heizmann

frühnebel –
kein laut nirgends
wie sich finden

ein Schemen
im blinden Spiegel –
ich

vom Hochzeitsfest
der Ballon im Nachbargarten
hängen geblieben

Ewiges Licht –
vom Herbstwind
gelöscht

am rostigen Nagel
gerade gehämmert
hängt jetzt mein Herz

kleiner Hafen –
wie's schmatzt und zerrt
die Boote tanzen

verliebt –
der Himmel
legt Rouge auf

Torsten Hesse

Lärm im Treppenhaus,
der betrunkene Nachbar
bellt seinen Hund an

wie es aufleuchtet
in der sinkenden Sonne
das trockene Gras

Anke Holtz

nach Vaters Hüft-OP
die alte Quitte
bekommt einen Stützpflock

Schneemorgen
den Löffel tief
ins Quittengelee

gegen Opas Fingerarthrose
ein High Five
der Enkelin

Goldrandglas
beim Nippen am Eierlikör
die Augen schliessen

nach dem Fest
das stille Schweben
der Glühwürmchen

Anke Holtz

Münstermarkt
bis hin zum Beichtstuhl
Leierkastenklänge

fallende Blüten
ihr rosa Handy
knipst und knipst

Angelika Holweger

frostiger Morgen
ins Gras gesät
der Sternenhimmel

zwischen Schilfblättern
hin und her
eine Larvenhaut

auf seine Wange
ihr scheues Küsschen
nun sitzt die Kappe schief

Friedensfahnen
im Dorfbach
treiben Blütenblätter

Erntedank
die letzten Weintrauben
den Amseln

Angelika Holweger

Hagios
im Mittelgang ein Weberknecht
hält inne

Tau auf Brennnesseln
ein Häherschrei zerreißt
den Morgen

dieser weiche Glanz
im Fell meiner Katze
erste Weidenkätzchen

Wolfgang Hölz

eine Ampel
springt auf Rot
am Himmel Zugvögel

auf Omas Schoß
die Katze
beide schnurren

„Innere"
im Sterbezimmer
noch Licht

Hochwasser
jenseits der Sandsäcke
Tränen

Wolfgang Hölz

Schlosspark
der strenge Blick
des Löwen

Morgentau
an langen Halmen
glitzern Sonnen

Ilse Jacobson

blühender mandelzweig
sein bild
unvollendet ...

Wolkenberge
nichts hält sie auf
der Lerche Lied.

Weiße Rose
ihr Mut
zu blühen

Friedenslicht
im Riss der Säule
ein Flackern

verletzt
ihre Flügel
Friedenstaube

Zuflucht
die Kühle in den Kathedralen

Rüdiger Jung

Heiliger Abend
Hirten Engel Könige
warten vor der Tür

Christoph Junghölter

Wohnungsauflösung
der Teddy
schaut zu Boden

Flüchtlingsheim
Sperrmüll
den niemand holen kommt

Tagesschau
ich stelle die Heizung
ab

An deinem Grab
nur Wind

Pommesbude
ein Laubbläser
pustet meine Bestellung fort

Hilde Kähler-Timm

Im Kirschblütenschnee
der Glanz auf schwarzem Amselgefieder.

Deborah Karl-Brandt

Auszug
alles was notwendig ist
die Schwingen des Falken

Wie er tanzt
der verlorene Ball
gefangen im Treibgut

Nach der Diagnose
Samen kaufen für eine
Schmetterlingswiese

Claudia Katz

Gedanken schwirren
auf meinem Weg nach Hause
fällt ein Gingkoblatt

Silvia Kempen

„Amazing Grace"
die Rosen zittern
beim Gang zum Grab

auf dem Rollator
eine Pause inmitten
der Menschenmenge

Marek Kiślak

Eine Scheibe Brot
von einem Bettler geschenkt.
Nun steht die Zeit still

Rolf Klöcker

Die Indianerwache
im Tipi.
Eingeschlafen.

Oliver Kai A. Knütter

Zwischen zwei Stühlen
sitzt sie und
lacht.

Der Rabe blickt
mich an vom Rand des leeren
Einkaufswagens.

Augen auf –
ein Elfenbeinengel steht in
treibenden Wolken.

Tränen
waschen meine
Augen.

Isabella Kramer

unterwasser...
ein atemzug nach dem anderen
zunehmender mond

lotus sutra
das geräusch fallender äpfel

Gérard Krebs

Winterkälte –
im Schnee ein warmer Duft
von Pfefferkuchen

die brennende Kerze
auf dem ungepflegten Grab –
Allerseelen

Omas Spaziergang
ihr Kinderwagen anstelle
eines Rollators

Schärengarten
der Mond schlägt eine Brücke
zur Nachbarinsel

cembaloklänge
fast hörbar
die stimmen der bediensteten

erster stern
das zittern des lichts
überm sand

all die jahre
in ihrem blick
die stürmische see

blütenduft
die nähe der fremden
im zug

komm mit mir
ihr unerreichbar
ferner blick

nulllinie
fern ruft ein kind
mama im schlaf

sommerbrise die stille inmitten der gespräche

erstes bad im atlantik
einen moment lang
bin ich plankton

Tobias Krissel

gewitterdonner
das geräusch der klospülung
bei nacht

knarrende dielen
der glanz in den augen
der magd

flüchtiger blick
was bleibt
ihr duft von butterkeksen

Nicole Kullick

Frühlingsmorgen –
in meine Gedanken fliegt
ein Schmetterling

Sonnenblumenfeld
im Abendlicht
leuchtende Gesichter

Im Schweigen
der lauten Worte
Widerhall

Spiegelbild
ich erkenne mich
in dir

Nicole Kullick

Im Zendo
alle meditieren still
außer der Fliege

Abenddämmerung
Schattentanz der Waldgeister
mit mir allein

Marianne Kunz

All die Vorhersagen
über Nacht
das erste Rot der Kirschen

Sommersonnwendfeier
das Wogen des Lichtes
in ihrer Stimme

Beim Aushecken eines Reims –
wir Mädchen beim Gummitwist

Friedhofsbesuch
die Frau mit dem Stock
meine Tanzlehrerin

Im Altenheim
ihre verlorenen Maschen
wieder auffädeln

Die See leckt an meiner Hand –
das Kälbchen das ich einst tränkte

Marianne Kunz

Am Soldatengrab
k eine Finger befühlen
die Kussröschen

Märchenstunde
das Kind streut Brotkrumen
auf seinen Heimweg

Insolvenz
ein Storch baut sein Nest
auf den Baukran

Kalkweiße Wand
auf und ab der Schatten
betender Hände

Angiographiebefund –
durchs Fenster die Schatten
kahlen Gezweigs

Im Hospiz
sie wünscht sich Butterbrot
mit Salz

Nach der Chemo
der Frost am Nordhang
will nicht weichen

Weihnachtskrippe
das verschollene Jesuskind
beim Jüngsten im Bett

Fallende Blätter –
das Rauschen des Kopierers
beim Psychologen.

Wir frieren beide
morgens im dichten Nebel
die Hure und ich.

20. Juli –
im Hof des Bendlerblocks ein
großer Sandhaufen.

Der Kinderschreibtisch –
ein Smartphone und ein neues
Kastanienpferd.

Die Spiegelscherben –
ihr zerbrochenes Gesicht
auf dem Fußboden.

Ein Schwarm Vögel steigt
vom Boden auf – das Dröhnen
von Kampfflugzeugen.

Anfang Dezember
alle Türen offen im
Adventskalender.

Ihr leises Weinen –
im Schnee leuchten die roten
Beeren der Eibe.

Moritz Wulf Lange

Oktobersonne –
eine Staubwolke durchbricht
den Sicherheitszaun.

Im Sommerregen
die VHS-Kassette
mit „I have a dream".

Silvesterparty –
der Geruch der Zukunft nach
geschmolzenem Blei.

Vor dem Krippenspiel –
Maria benutzt noch schnell
ihren Lippenstift.

Auf dem Pausenhof –
am Zaun sieht ein Erstklässler
den Zugvögeln nach.

Roger Le Marié

Weggabelung
Unter der Milchstrasse
Wildgansrufe

Der Macchiato leer.
Die Pfirsichblüten geschlossen. Aber ...
welch schöne Aussicht!

Georg Leng

herbstlaub –
durch kahle äste das gold
der gedächtniskirche

Eva Limbach

Nachkriegskinder
im Küchenschrank die Gläser
mit dem Goldrand

strahlender Himmel
der Junge posiert auf einem
Panzer

zu Bethlehem geboren
das Kind
inmitten der Trümmer

die Kippe
ausgetreten auf den Kirchenstufen –
Weihnachtsmond

Sturmtruppen ...
schneeweiße Blütenblätter
wehn mit dem Wind

Wintergewitter
die alten Nachtgebete
Wort für Wort

Eva Limbach

die Taube
hoch oben in der toten Zeder
alleine

Votivkerzen ...
und draußen wütet der Sturm

Zugvögel
der Mut
unserer jungen Jahre

Ramona Linke

Morgentoilette
Mutter zwinkert mir zu
aus dem Spiegel

auf der Seebrücke
ein Hund kläfft den Wind an

böhmische Liwanzen
mit Großmutters Backpinsel
die Form fetten

geschlagenes Holz
die Kalligrafien der Borkenkäfer

eisblauer Abend ...
nach der Demo
die Wärme des Tees

Granathochzeit
noch einmal die Brautkrone aufsetzen
... heimlich

Hundstage
der Duft des Lavendels
bis in den Traum

In Flanders Fields –
auf vergilbten Fotos
Urgroßvaters Handschrift

Altweibersommer ...
sorgsam reinigt sie den Tuschestein

lange gewandert
im Gegenlicht die Anmut
der Pfaffenhütchen

Nachtflug –
suche vergeblich
nach einem Stück Mond

Huflattichblüten
mir ist, als treibe auch ich ein Blatt

Zengarten –
Kois zupfen an gefallenem Laub

Birgit Lockheimer

schläfrige Augenlider
flatternd im Rhythmus
des Rasensprengers

Horst Ludwig

Dakota-Badlands
Hinten im Überland-Bus
Kopfhörer, müde

Wie sie aufflattern
fliegen, leuchtend, weiß und schön,
fünf wilde Schwäne

Die Vogelscheuche
mein Hochzeitsanzug zitternd
ohne Kummerbund

Blasiussegen,
nicht mehr richtige Lichte ...
und jetzt eisfischen

Ich bin der letzte
vom kleinen Ritterswalde –
hör's Stille Meer rauschen

Wie's mich begleitet,
's alte Wo gehen wir hin?
Immer nach Hause.

Robert P. Martin

zen garten
sitze auf einem stein
der dicke auch

Werner Martini

Mittagsruhe
über dem Dorf. Ganz weit weg
Kinderstimmen

Gaby Matthes

Kranichzüge
am Himmel rauhe Schreie
Pflanzzeit

Ingrid Meinerts

am Morgen
Kriegsnachrichten
die Blätter der Bäume ruhig

Windstille
andächtig trägt das Kind
die Pusteblume

weitergetragen
das Lächeln
im Vorbeigehen

Ingrid Meinerts

Meditationssitzung
der Mönch an der Glocke
eingeschlafen

Diana Michel-Erne

am Sterbebett
der rote Mohn
lässt ein Blütenblatt

Ruth Karoline Mieger

der Nachbar verstorben
im Briefkasten brütet
ein Rotkehlchen

Hausauflösung
die Briefe an den Vater
voller Flecken

zartes Grün
die ersten Haare
nach der Chemotherapie

Wasserfälle
dieses Orgelbrausen
im Herbstlicht

Conrad Miesen

Oh, der Winterwind
aus den Bergen – Kraniche
bringt er zum Tanzen

Eleonore Nickolay

Geburtstag
sein Kuschelbär
wird dreißig

Entrümpelung
der anklagende Blick
des Teddybären

geschieden
in der Seine liegt der Schlüssel
zum Schloss ihrer Liebe

Hotel am Bahnhof
nachts rangieren sie
meine Träume

Aufzug
ein Furz
fährt weiter

Umzug
die letzten Töne der Spieluhr
im Müllsack

Eleonore Nickolay

Verkehrsstau
eine Plastiktüte
überholt uns

Wintermärchen
auf den Dächern der Stadt
Industrieschnee

Kranichzug
„Last call for Mr. Smith!"

Sperrmüll
mein Blick
in den zerbrochenen Spiegel

Lisa F. Oesterheld

Präludium –
das Morgenlicht
hinter dem Maisfeld

Gräberfeld
am Fuß des Kruzifix
leuchtet das Moos

Ludmilla Pettke

essen ist fertig
sie ruft
die katze

kirschblüten
die last des schnees
ein sonnenstrahl

der rucksack
mit jedem schritt leichter
heimwärts

Jutta Petzold

Gruppenreise in den Süden
Hochbetrieb
am Schwalbentreff

Wohnzimmerstille
Großmutters Blick
aus der Glasvitrine

im Licht des Ostermondes schweigen
Karfreitag

Bahnhofstoilette
ein Kommen und Gehen
nur der Wischmopp kreist

Jutta Petzold

save the children
der Stand in der Fußgängerzone
verwaist

Vergissmeinnicht
Blüte für Blüte
nur du

Rudi Pfaller

Weihnachten
wieder wird dieses Kind geboren
nur ich werde älter

Vollmond
mein Schatten verlässt mich
unter der Kiefer

Maximilian Pohl

Vorm Bürofenster
Balztanz in Kirschblüten
Druckerknurren

Im Berufsverkehr
die ersten Regentropfen
spiegeln Scheinwerfer

Tihomir Popović

beim kälteeinbruch
einmal laut seufzen können
weihnachten allein

das wetter im süden
vom gehupe
abgewürgt

vor dem wochenende
sein staubsauger singt
das hohe c

computerschach
der sieg
in händels tönen

René Possél

morgens im bad
der dezente luxus
meines atmens

allein im haus?
die tür öffnend öffnet sich
der nachbarin tür

sieh die wolken
keine eile
anzukommen

Willemina Preiß

Nach ihrem Umzug –
sie kauft sich eine Kerze
Maiglöckchenduft

Ihr ist nicht geheuer
beim Abstreifen des Ringes –
vorerst nur kurz

Nach langer Zeit mal
wieder benutzen müssen –
ihren Fingerhut

Sonja Raab

vor der discothek
wild tanzen im wind
die spinnenweben

Jörg Rakowski

Er füllt seinen Anzug
nicht mehr aus
– alter Schützenbruder

Bernd Reklies

Frühlingswind
Blütenpollen bestäuben
meinen Malblock

Der alte Baum
Noch im Tod eine Stütze
für die Ackerwinde

Auf meinen Weg
fiel es –
das letzte Rosenblatt

Ruhiges Wasser
Im Spiegelbild des Sees
baut ein Spatz sein Nest

Renate Maria Riehemann

Oma rodelt
mit den Enkeln
Havarie am Hang

verschneiter Gehweg
erste Versuche
mit dem Rollator

Kaffeepause
beim Apfelduft
plötzlich Heimweh

Wolfgang Rödig

vor der ersten Reitstunde
mit großen Augen
Blicke austauschen

die Faust auf dem Tisch
das Wasser im Glas
beruhigt sich wieder

der freche Dackel
legt sich mit dem Boxer an
dazwischen der Zaun

Reni Salzer

nach der Pilzsuche
ein Korb voll Steine
zum Bemalen

Abendspaziergang
Hand in Hand schaffen wir
die Mülltonne raus

Frank Sauer

morgens
im Bett
deinem Herzschlag folgen

Hochwasser
in den Uferzweigen
ein Babyschuh

im Flur
ihr Duft lange
nach ihrem Tod

allein
an deinem Grab
das grüne Gras

nach der Flut
im Schneckenhaus
das Rauschen der Welt

Jörg Schaffelhofer

das Gesicht im spiegel
es nimmt mir das lächeln
nicht ab

Birgit Schaldach-Helmlechner

wogendes wollgras –
wir sprechen von der liebe
zum meer

ich will dich und kann
nichts von dir um mich haben
hyazinthenduft

morgenfrost
zum ersten mal trage ich
deinen lieblingsschal

still, still wie diese
herzenskälte ertragen
rankender efeu

aussprache –
ostwind
beißt in den augen

maimorgen
zum hohlen hall des holzstegs
der brabbelnde bach

Tim Scharnweber

St. Martin
rot leuchten die laternen
der straßensperre

dezemberdunkel
das versprechen
der magnolienknospen

die gebeugte alte
richtet die rose auf

neue meister –
das bild verlässt den saal
auf ihrer haut

winterabend
die tür öffnen zur wärme
deines lächelns

ewiges licht –
die glühbirne
durchgebrannt

Michael Rasmus Schernikau

Vogelstimmen
Aus den Abendwolken
erhebt sich der Mond

Frühlingskälte.
Vorm Reisebüro sitzt
ein junger Spatz.

Vollmondnacht –
durch den verschneiten Kurpark
schleicht der Fuchs.

Warteschleife
Die Partnerbörse spielt die Arie
Dulcamaras

Radiogeplärr.
Der Windhundwelpe jagt
ein Ginkoblatt.

Gabriele Schettler

Hochzeitsnacht
das Moskitonetz
hat ein Loch

nach dem Ja-Wort
sie entdeckt
die Laufmasche

Annika Carmen Schmidt

altersflecken
sie verbindet
die punkte

klöterich
ich kuschle mich ein mit tee
& meinem neujahrskater

klöterich plattdeutsch / niederdeutsch für fröstelig,
gesundheitlich angeschlagen

kulturkürzung
~~das theater probt~~
~~den aufstand~~

'Aufstand': Theaterstück von Albert Ostermaier

sommergrab
von bienen besucht
auch das namenlose

Benno Schmidt

flackernde kerze
wo der rauchfaden hinzieht
ein kleiner stern

Angela Schmitt

Hölzchen Steinchen bunte Blätter
bringt sie mit von der Stille im Wald

tausend gefaltete Kraniche bewegen den Wind

am wilden Wasser – das Rauschen hören die Stille

gefroren der gelbe Ginster – alles steht still

winterroter Ahorn –
tiefer und tiefer die Stille

zarte weiße Flocken – wohin trägt uns der Wind

Kristoffer Schneider

Morgen-Zazen –
Trauermücken vor der Nase
Bloß nicht einatmen

Silke Schneider

am meer
welle für welle
auch himmel

Dyrk-Olaf Schreiber

brüchiger Strohhut
gefunden auch die Freude
am Sommerregen

zwei Menschen
über den Verkehr hinweg
winken sich zu

enge Jeans
sie dreht sich um
ob er sich umdreht

Gartenschach
der Schatten der Dame
immer näher

morsches Wegkreuz
Löcher
voll Himmel

quietschende Trossen
den Nachtlichtern zu
pfeift er sein Flusslied

Steil aus dem See
offenen Munds
in den Mückenschwarm!

Türen im Altenheim
für die einen
für die anderen

Dyrk-Olaf Schreiber

Aufgewacht.
Wieder tot
mein toter Bruder.

Helga Schulz Blank

Tanz in den Mai
nach der kurzen Nacht
weckt mich ein Kuckuck

Erntedank
der Altar reich bestückt
die Kirche leer

Glockengeläut
blicke ungläubig zur Uhr

Bürogebäude
auf der Glasfront
spielen Wolken

Ginkgobaum im Herbst
sein Gold aufheben
für die graue Zeit

Nachtfrost
der Morgen schenkt mir
weiße Blumen

Marie-Luise Schulze Frenking

Blattgold
der Oktober veredelt
jede Karosse

die Spieluhr leiser
als das stetige Piepen
der Monitore

dieses Schwingen
der Farben
in ihrer Stimme

Freizeit
der Friseur frisiert
Fahrzeuge

Goldfisch im Glas
der Letzte
mit dem sie spricht

auf der Staffelei
ihr Portrait unvollendet
Kamelienduft

deine Bilanz
bitter und ich frage
nicht nach

Aussprache
der Weg verliert sich
im Abendrot

Marie-Luise Schulze Frenking

im Lärm des Basars
auf einem Teppichstapel
die Perserkatze

Jugendstrafanstalt
beim Hofgang
der Ruf der Kraniche

Winterweide
die Schafe blöken ihn an
den Engel

Kea Schwarzfeld

Mitten im Zweifel
traf ich dich
bauklötzestaunend

Rouven Schweichler

goldenes herbstlaub
in eile durch den regen
krankenhausfliesen

die sonne geht auf
nachtclub voll müder schatten
nur eine tanzt noch

Regina Seelig

Morgengymnastik –
am rauen Wandputz klettert
die Frühlingssonne.

Im Schmelzwasser –
eine Amsel plätschert
die Tränke leer.

Beim Bohnenstecken –
der Nachbarin Gemurmel
vor jedem Saatloch.

Nach Silvester
erst in der Früh' kehrt er heim
der Flaschensammler.

Nach jedem Schluck –
die Teeschale füllt sich
mit Frühlingslicht.

Angelica Seithe

in den Fenstern
der Burgruine brennt Licht –
Morgensonne

Laterne am Fluss
auf glitzernden Wellen
Liebesgeflüster

eingeschlafen
unterm Sonnenhut – ein Wind
hat mich geweckt

im Blätterfall
auf dieser Brücke
ein später Kuss

Herbstlaub –
ihre Wangen berühren
einander

Ostermorgen –
ein Baumstumpf
treibt aus

Krankenlager –
draußen im kalten Nebel immer
die rote Rose

Toilettenfenster –
beim Öffnen schaut mich einer an –
der Mond

im Honiglicht
das Wiesengatter weit
geöffnet

erster Kuss
im Blütenschnee der Bäume
Rutschgefahr

Angelica Seithe

Mondsichel
Großvater träumend
im Schaukelstuhl

Nebelmorgen –
durch feingesponnene Luft
ein Finkenschlag

Georg C. Sindermann

Singles –
das leise Knistern
auf der Vinylparty

Mit ganzer Kraft –
rote Bäckchen
beim Ausstechen der Plätzchen

Brunchvorbereitung –
Lachsplatte und
Hundewassernapf leer

Reisepläne –
die Fliege auf dem Globus
noch unentschieden

Sabine Sommerkamp

Wie weit ich auch lauf',
keine meiner Spuren bleibt –
leise fällt der Schnee.

Martin Speier

ein photo
aus alter zeit
nur ihre puppe lächelt

im schlosspark
sich ausruhen zwischen
kanonen

Wildunfall;
Das Dampfen der Eingeweide
Am kalten Morgen.

abschiebung
im badfenster noch
ihr herz

Helga Stania

himmel
auf den rücken der pferde
apfelblüten

tausonnen ... die oberfläche eines tages

Helga Stania

walderdbeeren –
sie beschließt
zu leben

bespielt das märzsonnenlicht ein zitronenfalter

die wohnstatt eines augenblicks herbstwind

ein geheimnis
im blumentopf
der engerling

trägt die herbstsonne
ins tal
ein dunkler schmetterling

via engiadina
näher dem himmel
apollofalter

hinabsteigen vom berg zum nebel   diese klarheit

abendnebel
schmiegen sich an die berge
schafschellen

durchsticht die wiesenfarben die stille des falken

geliehener glanz
im nahen der nacht
die bäche im moor

Helga Stania

löwenzahnwiese
ich erwarte das erscheinen
der sternbilder

klosterhof
vermisse gespräche
die ich nicht führte

oleander blüht ihr henna tatoo

pappelsamen von irgendwoher sternschnuppen

ein fernes glück
als hypothese –
drohnenangriff

spiegelung
filigraner brücken –
schwalbenzug

Heike Stehr

bin Muschel   bin Sandkorn   bin Meer
kehre zurück zu mir

Thomas Steiner

ein sperber!
alle gerade noch
entkommen.

aufs essen warten
die spatzen
warten auch.

die meise
prüft mein meisenhaus.
und zieht nicht ein.

Dietmar Tauchner

Laub auf dem Tisch
wir plaudern über
Abwesende

VaterInDeinemSchattenEinGeist

Hubertus Thum

Morgensonne
in jedem Tautropfen
glüht eine Farbe

Carrara
im Marmor verborgen
all die Gestalten

Hubertus Thum

lichtgeburt schmerzhaft
die blendung
der ersten sekunde

Meeresstille
am Fischerhaus lehnt
ein rostiger Anker

verirrt an der schneegrenze ein duft schmetterling

Abendsonne
schöner als der Grashalm
sein Schatten

Schulweg durch den Schnee
das leise Summen
der Telegraphenmasten

Am Bergpfad
die bunte Madonna
aus Mondholz geschnitzt

Raunacht
Wesen, aus der Kälte kommend,
tummeln sich im Dünenhaus

von ginkgoblättern reich beschenkt novemberwind

herbstblatt
im wind
ich

Hubertus Thum

Schattenlinien
die erste Schwalbe wird
Glockengeläut

winternacht
am blinden fenster
kristallgeflüster

stille Räume
jemand musiziert
mit den Farben des Malkastens

das letzte bild
des alten malers
schwerelos

mein Ich
im Spiegel sprachlos
ein Anderer

Tobias Tiefensee

möwennachwuchs
mein fischbrötchen
lernt fliegen

am ententeich
ein kleines mädchen
quakt

Tobias Tiefensee

radtour am fluss
ich fahre
den himmel entlang

schichtende
der hafenarbeiter
dockt am tresen an

die kleine
beim anblick des froschs
springt sie davon

für meine worte
die dich so verletzt
schnittblumen

am alten bunker zwischen zwei fußballtoren kinderlachen

skatspiel auf dem balkon
den letzten stich
macht die mücke

blick aufs meer
in der unruhigen see
ruhe finden

zerbrochener spiegel
in tausend splittern
ich

Angela Hilde Timm

Frauenseminar
Ein Wochenende mit
leichtem Gepäck

Karsamstag
Der Himmel verhüllt
vom Saharastaub

Walnüsse knacken
vom Baum der gestern
gefällt wurde

Wildgänse ziehen
in der Heiligen Nacht
kein Stern

Ein Sommertag
Blüten auf der Wiese
und meinem Kleid

Barbara Tischow

ein Wasserrad bauen
die Füße im Bach
Goldene Hochzeit

Eine Zwei in Mathematik
er nimmt das Zeugnis mit an Opas Grab

Ulrike Titelbach

draust auf da lichdung
wo grod nu da maibog woa
springan de knospm

    auf der lichtung
    wo eben der maibock lag
    springende knospen

zan schreim
aufglesn
de feda vonan schbotzn

    zum schreiben
    aufgelesen
    die feder eines spatzen

Anna Vriede

Unter dem Milchschaum
Deine Worte
Draußen fällt Schnee

dein Hals an meiner Stirn
in eine Umarmung
passen

Anna Vriede

verhangener Mond:
Tomaten im Schein
der Taschenlampe

Vogelzug
weiche seinem Blick aus
es ist Herbst

Jennifer H. Weber

Scharen von Störchen
am wolkenlosen Himmel
Er nimmt meine Hand

Im Nieselregen
Ein kleiner Junge hält stolz
seinen ersten Schirm

Das Mandelbäumchen
am lange gehegten Grab
trägt erste Früchte

Vertrocknetes Laub
Bei herbstlicher Blasmusik
ein letztes Tänzchen

Elisabeth Weber-Strobel

im Neujahrstraum
die Stimmen der Freunde
aus dem alten Jahr

Dauerregen
das Klatschen der Skatkarten
immer lauter

Friedensgebet
eine Gasflasche fällt um
rollt und rollt

Claudia Wenzel

Maimorgen.
Auf dieselbe Frage zum zweiten Mal:
JA

Auf dem Küchentisch
die Karte mit schwarzem Rand.
Vergilbt.

Friedrich Winzer

Umzug
Oma spielt vor dem Haus
Klavier

Friedrich Winzer

Fernweh
der Dampfer am Horizont
schickt seine Wellen

zaubern ein Lächeln
in Großmutters Gesicht
Gänseblümchen

Herbst
ein fallendes Blatt löscht
seinen Schatten

Kinderstation
der Clown weint
auf dem Flur

letzter Ton ...
die Ziehharmonika
atmet aus

Morgenappell
unter der Brücke pfeift
ein Wasserkessel

Regenschauer
versunken ein Liebespaar
auf der Terrasse

Schichtwechsel
ein Kranführer steigt
in die Sonne

Friedrich Winzer

ungeniert
Nachbars Katze
im Zen-Garten

Frühling
ein Gärtner stellt
die Blumenuhr

Strand
ich finde Bernstein
in ihren Augen

Versöhnung
die Blumen reichen für
drei Vasen

Jungfernfahrt
Oma sitzt strahlend
im Treppenlift

Wortgefecht
zwischen den Fronten
der Hund

Silvester
Opas Zinnsoldaten
zerfließen

Zeitvertreib ...
ich zähle die Tropfen
der Infusion

Blütenblätterfall
die alternde Sängerin
legt frisches Rouge auf

Rückschau auf den Tag
der inbrünstige Gesang
einer Schwarzdrossel

am Grab des Vaters
auch fünfzig Jahre danach
noch das Rotkehlchen

auf dem Baugerüst
das Radio
arbeitet schon

dichter Nebel
von den Kühen nichts als ihr
Rupfen und Schnauben

abgegriffen
vom Gesang eines Vogels
Gitarrenriff

Weltkindertag
beim Versteckenspielen
die Last des Alters

über Jahrzehnte
jung geblieben im Flakon
Chanel Nr. 5

Marion Worf

kahler Winterabend
sie lernt
Italienisch-Vokabeln

Krüppelkiefern
an der Wachstumsgrenze vergessen
ein Kinderrucksack

selfie-shooting vor Klimts Kuss
ihre Lippen
kunstvoll aufgespritzt

Tate Gallery
Im Gesicht meiner kleinen Nichte
action painting

eisige Mondnacht
ich kratze am Fenster
nach Morgenlicht

Birgit Zeller

Hafenpromenade
Passanten im Mondlicht
taumelnde Boote

Geburtstagsständchen
zwischen den Blumen
summt eine Biene

Birgit Zeller

Besenrein
Der Staub von 17 Jahren
wie schwer er wiegt

Versteckspiel
doch die Schatten ...

Romano Zeraschi

am Brunnen ...
die Zeit, die vergeht
Tropfen für Tropfen

eine Morgendämmerung
jener Schwarm rosa Flamingos ...
Samarkand

Einmal
Ich werde bei dir sein ...
Wolke

gehen und gehen
ziellos –
Vega da oben

Kalt ...
Schnee...
Nacht ohne den Ruf der Zwergohreule

Sonderbeiträge

Tan-Renga

Schweigende Vögel
Spinnenfäden versiegeln
abends das Hoftor

als hielte das den Landarzt
ab, dem Läuten zu folgen

Conrad Miesen / Rüdiger Jung

Blick zu den Sternen
woher wir kommen
wohin wir gehen

in einer Hand voll Erde
Samenkörner

Brigitte ten Brink / Ruth Karoline Mieger

regenschwer
die Bäume auf dem Weg
zum Bahnhof

ihn wiedererkennen
nach all den Jahren

Brigitte ten Brink / Ruth Karoline Mieger

Welch eine Gnade,
wenn man's einfach glauben kann,
das mit dem Himmel.
Bleibt an den Fingern haften
Sonnenwendzauber.

Horst Ludwig / Beate Conrad

Ukraine-Krieg
Haiku-Sequenz von Klaus-Dieter Wirth

Sirenengeheul
im Anflug abgesegnet
vom Popen der Tod

akute Luftgefahr
länger der Weg für die Alten
in die Schutzräume

weit hinter der Front
die klaffende Wunde
eines Lazaretts

zurückgelassen
im vorrückenden Frühling
ein Panzerwrack

Kamikazedrohnen
ohne jede Aussicht auf
postume Ehrung

mit abgetötet
unter dem Trommelfeuer
die Zeit für Träume

nachdenklich
Stiefmütterchen
im Gräberfeld

Ukrainekrieg
geboren im Hospital
daheim bereits Waise

Das Haiku-Jahr

Bücher

Die Suche nach ‚Haiku 2024' ergab bei der Deutschen Nationalbibliothek 142 Einträge, nach genauer Durchsicht und Streichung englischsprachiger Bücher sowie verschiedener Ausgaben desselben Buchs blieben 58 übrig, darunter einige Wiederauflagen. Fast alle sind bei Kleinverlagen oder im Eigenverlag erschienen.

Die Deutsche Haiku-Gesellschaft (DHG) hat vier Ausgaben ihrer Vierteljahresschrift veröffentlicht (‚Sommergras', Ausgaben 144-147). Mitglieder der DHG können im Netz alle seit Ausgabe 60 (März 2003) erschienenen Hefte als pdf laden. Ältere Ausgaben sollen eingescannt werden, bisher sind aber nur wenige verfügbar.

Einiges Neue gab es 2024 beim Rotkiefer Verlag, Berlin, Netzpräsenz: www.rotkiefer-verlag.de

Das Haiku-Jahrbuch 2023 (‚Aufbrüche') erschien April 2024 mit 571 Haiku von 121 Autoren.

Das Netz

2024 waren folgende Projekte aktiv:

Deutsche Haiku-Gesellschaft (DHG): Dachverband mit etwa 300 Mitgliedern, gegründet 1988. Die Zeitschrift ‚Sommergras' erscheint vierteljährlich als gedrucktes Heft und als eBuch. Für die Zeitschrift können Haiku und Tanka eingeschickt werden, eine Auswahl davon erscheint im Heft und ist außerdem online zu lesen. Ausgewählte Artikel sind online frei zugänglich. Mitglieder können im Forum online Haiku besprechen, außerdem gibt es ein monatliches

Treffen zur Haiku-Besprechung über Zoom. 3.-5. Mai 2024 war die Mitgliederversammlung der Deutschen Haiku-Gesellschaft in Osterode am Harz.
Netzadresse: haiku.de

Haiku heute: Monatsauswahlen, Jahrbuch, Seiten zu Theorie und Praxis des Haiku, gegründet 2003, verantwortet von Volker Friebel. Die pdf-Dateien aller erschienenen Jahrbücher sind frei zugänglich. 2024 wurde zum sechsten Mal ein Haiku-Preis vergeben.
Netzadresse: www.haiku-heute.de

Chrysanthemum: Gegründet 2007 von Dietmar Tauchner, aktuell weitergeführt von Beate Conrad und Klaus-Dieter Wirth. Das Magazin erscheint zweimal jährlich als pdf-Datei.
Netzadresse: chrysanthemum-haiku.net/de

Die **Österreichische Haiku-Gesellschaft** (etwa 60 Mitglieder) betreibt eine Netzpräsenz und gibt einmal jährlich eine Zeitschrift heraus.
Netzadresse: www.oesterr-haikuges.at

HaikuHaiku: September 2024 reaktivierte Hans-Peter Kraus sein altes Haiku-Projekt und begann neu als Präsenz für das deutschsprachige Kurzgedicht (bis 150 Zeichen Umfang), nach Themen geordnet.
Netzadresse: www.haikuhaiku.de

Es gibt eine Facebook-Gruppe, **Haiku-like**, mit den Administratoren Sonja Raab, Simone K. Busch und Ralf Bröker. Wer die Beiträge sehen und teilnehmen möchte, kann sich einladen lassen.

Auf Instagram erschien 2024 das Projekt ‚**Jenseits des Froschteiches**' von Alexander Groth: Haiku können eingesandt und bewertet werden. Sieben Ausgaben 2024, pausiert derzeit.

Eine Übersicht weiterer aktueller und archivierter Haiku-Projekte in deutscher Sprache:
www.haiku-heute.de/archiv/haiku-projekte

Eine Liste von internationalen Ausschreibungen und Zeitschriften (Haiku und verwandte Genres) bietet Claudia Brefeld:
www.artgerecht-und-ungebunden.de/Haiku-aktuell.htm

Zur Verbindung von Haiku und Bildern gab es 2024, neben den schon erwähnten Haiku-Präsenzen, drei spezielle Einreichseiten:
Haiga im Focus: Monatlich erscheinende Haiga-Auswahl von Claudia Brefeld. Auch können monatlich Haiku zu einem Foto eingereicht werden. Netzadresse:
www.claudiabrefeld.de/Haiga-im-Focus.htm
AHaiga: Haiga-Portal von Helga Stania, wird vierteljährlich aktualisiert.
Netzadresse: www.ahaiga.ch
Fotohaiku: Martina Sylvia Khamphasith und Diethelm Kaminski veröffentlichen jeden Monat ein Foto, zu dem Haiku eingereicht werden können.
Netzadresse: www.fotohaiku.com

Autoren

Abendroth, Elena, *1954, Rottach-Egern. Veröffent-
lichungen mit Georg Seibt: Gedichte der Achtsamkeit –
der Haiku Weg, 2024. Zwischentraum – Lyrik der
Leidenschaft, 2023. www.samatha.eu

Bagdahn, Marita, *1957, lebt in Bonn; freiberufliche
Poesiepädagogin und Autorin; zwei Bücher mit
Kurzprosa; diverse Veröffentlichungen in Anthologien
(Lyrik, Kurzprosa, Aphorismen) und im Netz; Fach-
artikel für Autor*innen; diverse Auszeichnungen.

Beau, Christa, *1948 in Halle (Saale), lebt ebendort,
ehemalige Kinderkrankenschwester, jetzt Rentnerin, 6
Jahre Vorstandsmitglied der DHG (Schriftführerin, 2.
Vorsitzende), seit 2000 Leiterin der Hallenser Haiku-
gruppe, Mitglied des Pelikan e.V., Autorin, zahlreiche
Veröffentlichungen, so die Bücher ‚Schaumblasen
knistern‘, epubli, sowie ‚Fotohaiku – Haiku‘, dorise-
Verlag. www.christa-beau.de

Behrens, Daniel, *1969, Buchrestaurator, Maler, Lyriker.

Berger, Thomas, *1952, Wohnort: Kelkheim (Taunus).
Gymnasiallehrer (bis 2026). Veröffentlichungen, Lesun-
gen, Vorträge, Projektleitung. ‚Geborgen im Zeiten-
strom. Haiku-Dialoge; (gemeinsam mit Jennifer H.
Weber), edition federleicht, 2023. ‚Am Wegesrand. Ein-
kehr im Garten der Worte. Gedichte‘, Edition Märkische
LebensArt, 2017. www.autor-thomas-berger.de

Berner, Martin, *1948, wohnt in Frankfurt am Main,
2003-2009 Vorsitzender der Deutschen Haiku-Gesell-
schaft. Cvet Srobota – Clematis Blossom – Clematis-
blüte. 2007, Društvo Apokalipsa, Ljubljana (Slowenien).
Klangschalenton. Rotkiefer Verlag, Berlin, 2022.

Beutke, Wolfgang, wohnt in der Nähe von Hamburg.

Bilgerig, Lidwina, *1953, wohnhaft in Baar (Schweiz).
Pensionierte Musiklehrerin. Spielt barocke Blockflöten-
musik, singt in einem Chor.

Birkeneiche, Katja, *1971 in Sankt Petersburg,
wohnhaft in der Schweiz. Interessen: Literatur, Poesie,
Musik, Pädagogik, Philosophie, Psychologie, Natur.

Gedichtband: Tausendfarbig – auf den Schmerz- und Tanzwegen des Schicksals. Karin Fischer Verlag, 2024.

Bleschke, Siegrun, *1944, lebt jetzt in Wolfenbüttel; hat unterrichtet; acht Jahre Ordensleben in sozialen Randbereichen; hat gemalt, Marionetten modelliert und war zeitlebens mit Gedichten unterwegs. Ein paar Haiku wurden in Anthologien veröffentlicht.

Blumentrath, Christof, *1956, gärtnert, fotografiert, liest, lebt in Borken/Westmünsterland.

Bouter, Adrian, lebt und arbeitet im ‚grünen Herzen von Holland‘. In seiner Freizeit, wenn er nicht gerade schreibt, fährt er am liebsten mit dem Rad durchs Land.

Brefeld, Claudia, *1956 in Gronau (Münsterland), lebt in Bochum, schreibt Aphorismen und Haiku, nimmt an Kettendichtungen teil. Veröffentlichungen in – auch internationalen – Anthologien und Zeitschriften. Mehrere Haiku-Preise. Sie ist der Natur mit der Kamera auf der Spur und gestaltet Sinnbilder und Haiga. Zwischen 2007 und 2019 im Vorstand der DHG (2. Vorsitzende: 2009-2015). ‚Spiegelungen – Abstrakte Harmonien und Haiku‘ mit Horst Rosenberger, Gerd Börner, Horst-Oliver Buchholz (2019) und ‚Windböen und Schattenkühle – Haiga und Tan-Renga‘ mit Traude Veran (2024). Eigene Netzpräsenz, darauf auch das Projekt Haiga im Focus.

Bringmann, Christa.

Brink, Brigitte ten, *1949 im Emsland, lebt, schreibt und fotografiert seit 1979 in Konstanz.

Bröker, Ralf, *1968, Ochtrup – schreibt und veröffentlicht Haiku, Tanka und Haibun auf Deutsch und Englisch. Organisiert die Facebook-Gruppe haiku-like, Lyrikbuch ‚Kreischen der Kreide/the Screech of Chalk‘ (2016).

Brückner, Heiner, *1949. Kurzgeschichten, Lyrik in Literaturmagazinen und Anthologien. Einzelveröffent-lichungen siehe: https://heinerbrueckner.jimdofree.com

Buchholz, Horst-Oliver, geboren in Herford/West-falen, lebt heute im Rhein Main-Gebiet. Studierte Sprach- und Literaturwissenschaft sowie Geschichte in Göttingen und Mainz. Ausbildung zum Redakteur.

Schrieb für Tageszeitungen, Journale und Hörfunk. Seit 2003 im Bereich Marketing und Kommunikation in der produzierenden Industrie. Vorstandsmitglied der Deutschen Haiku-Gesellschaft. Veröffentlichungen in Anthologien und Jahrbüchern. Vier Bücher. ‚Fließende Himmel', 2022; ‚Nah der Ferne – Haibun Renga' (mit Eleonore Nickolay), 2024.

Bucifal, Stefanie, *1983, Studienberaterin aus Konstanz, schreibt Lyrik auf Deutsch und Englisch, zahlreiche ihrer Haiku und Tanka wurden in internationalen Anthologien und Literaturzeitschriften von Deutschland bis Down Under veröffentlicht und haben Auszeichnungen gewonnen, ihre Gedichte und Haiku wurden im öffentlichen Raum ausgestellt und vom Japanischen Generalkonsulat getwittert.

Büerken, Pitt, *1945, lebt in Münster. Er schreibt Gedichte, Erzählungen, Haiku, Senryu, Tanka, Kyoka, Haibun, Tankaprosa, Cherita, Gembun, Dua. Veröffentlichungen in Anthologien und Zeitschriften. federleicht – feather light, Chiliverlag, 2018; Pättkesfahrt, agenda Münster, 2021.

Burbach, Christian W., lebt in Nürnberg und kam erst recht spät zum Haiku. Er blickt auf zwei Einzelveröffentlichungen (Romane) und diverse Beiträge in Lyrik-Anthologien zurück.

Buschmann, Gabriele, *1953 in Wiesbaden, lebt in Niederseelbach im Taunus. Sie ist passionierte Makrofotografin. Gedichte schreibt sie schon länger, Haiku seit 2016.

Cesaro, Ingo, *1941, lebt als Schriftsteller, Herausgeber, mail-art-Artist und Galerist in Kronach. Schreibt seit 1965 Haiku/Senryu. Vertreten bereits 1979 in ‚Anthologie der deutschen Haiku' herausgegeben von H. Sakanishi und H. Fussy. Weit über 400 Einzelveröffentlichungen (davon über 200 mit Haiku/Senryu) und Mitarbeit an über 500 Anthologien. Herausgeber von über 200 Editionen überwiegend mit Haiku in der NEUEN CRANACH PRESSE KRONACH seit 1998. Organisiert Literaturprojekte an Schulen und Universitäten im In- und Ausland, jeweils verbunden mit einer Setz-

und Druckwerkstatt ,wie zu Gutenbergs Zeiten'. Organisiert auch internationale Kunst- und Literatur-projekte. Mitglied: VS (ver.di), die KOGGE, NGL Erlangen, GZL und RSGI. Auszeichnungen, u. a. Förderpreis der DHG 2000, Kulturpreis der Oberfran-kenstiftung 2021. Neueste Haiku-Veröffentlichungen: ,Ein goldener Schatz', neustäblerverlag, Siegburg, 2024; ,Von Schwarz auf Weiss', FREIPRESSE, Bludenz, 2025.

Ciobîcă, Cezar Florin, *1971 in Botoşani, Rumänien. Er ist Lehrer an einem Gymnasium und schreibt Kurzprosa und Kurzlyrik.

Conrad, Beate, lebt, arbeitet und schreibt in Hildes-heim. Mehrere Preise für Haiku und Haiga. Sie beschäf-tigt sich mit der Strukturanalyse von Haiku, Tanka und verwandten Formen. Seit Mai 2012 gibt sie das Internationale Haiku-Magazin Chrysanthemum heraus.

Čordašević, Zorka, *1951 in Modran (Bijeljina, Republik Srpska). Abschluss der Höheren Tourismus-schule. Sie lebt in Frankfurt am Main, schreibt Gedich-te, Haiku und Geschichten für Kinder und Erwachsene und ist in Anthologien vertreten. Einige eigene Bücher.

Costache, Verona, *1953 in Rumänien; studierte Romanistik und ist als Fremdsprachen-Dozentin in Wiesbaden tätig, wo sie seit 36 Jahren lebt. Ihre Haiku wurden französisch im ,Gong' und in der Anthologie der AFH ,Un haïku à la fenêtre' veröffentlicht, deutsch im Sommergras, im Haiku-Kalender der DHG, bei Ingo Cesaro und im eigenen Buch ,Die Brille des Flusses' – Erzählungen und Haiku. Sie definiert sich durch Malen, Zeichnen, Kalligrafie und Fotografieren.

Daneva, Maya, promovierte Informatikerin, unter-richtet Wirtschaftsinformatik. Lebte lange in Kanada, heute wohnhaft in den Niederlanden. Schreibt und ver-öffentlicht in Englisch, Deutsch, Französisch, Bulgarisch.

Dannert, Christine.

Dellbrügge, Reinhard, *1952, lebt in Steinfurt. Schreibt Gedichte (vor allem Haiku), Aphorismen, Kurzprosa, Rezensionen und Essays. Veröffentlichungen u.a. in Zeitschriften, Anthologien und Jahrbüchern.

Dietrich, Frank, *1976 in Berlin, lebt und arbeitet in Düsseldorf als Dozent und Privatlehrer. Studierte Anglistik und Amerikanistik, mit einer Masterarbeit über das amerikanische Haiku. 2024 erschien sein Tanka-Band ‚Blaue Gedichte'.

Dietz, Thomas, *1959. Feldafing am Starnberger See, ein bisschen Dichter & Bildhauer, Coach & Ausbilder von Coaches, Psychotherapeut (als Arzt). www.wortbildhauer.com

Döbler, Kirsten, *1955 in Hamburg, lebt in Braunschweig. Nach ihrem Lehramtsstudium (Russisch/Englisch/Erziehungswissenschaften) war sie viele Jahre als Prokuristin eines Hamburger Reiseveranstalters für Russland-Tourismus tätig. Anschließend arbeitete sie als wissenschaftliche Angestellte am Niedersächsischen Lehrerfortbildungsinstitut. Seit 2005 Autorin von Romanen, Kurzgeschichten und Lyrik. Zuletzt: ‚Die Tage sind aus Wind gewebt' (Gedichte), epubli 2023. www.kirstendoebler.de

Dohrendorf, Hildegard, *1951, lebt, malt und schreibt am Stadtrand von Hamburg in Schleswig Holstein.

Duncan, Bernadette, *1965, lebt bei Rottweil. Buch: ‚zum graureiher verdichtet' (Haiku aus zwölf Jahren), 2020.

Engel-Wehner, Bettina, *1956, lebt in Wiesbaden, Hobby-Malerin, Qi Gong-Kursleiterin, veröffentlicht seit 2013 (auch unter Pseudonym ‚JE') Gedichte, Aphorismen, Haiku und Kurzgeschichten. Aktuell: ‚JE Band 2 | Gedichte', www.je-gedichte.de

Felber, Hubert, *1961, Teufen, bildet aus.

Fillhardt, Hartmut, *1961 am Oberrhein. Zen-Bogenschütze und Koch, lebt heute im Rheingau. Nach Informatikstudium und -projektarbeit mehrere Jahre als freiberuflicher Geschichtenerzähler, inzwischen auch als Schriftsteller, Illustrator, Herausgeber und Leiter von Schreibwerkstätten. Veröffentlicht Lyrik und Prosa in Standardhochdeutsch, Mundart und Englisch. www.goldschiffel.de

Freimann, Christiane Friederike, *1961, lebt in Zweibrücken/Pfalz, unterrichtete Biologie und Chemie, nun im Ruhegenuss, verdichtet Linien und Wörter, liebt Pflanzen. Veröffentlichung: ‚Hosentaschenzettel', Rotkiefer Verlag, Berlin, 2025.

Friebel, Volker, *1956 in Holzgerlingen, lebt in Tübingen. Psychologie-Studium, Promotion. Autor, Musiker, Ausbildungsleiter, Bildermacher. 2005-2013 Schriftführer der Deutschen Haiku-Gesellschaft. Verantwortet ‚Haiku heute'. Zuletzt: ‚Im blauen Leuchten', 2024 (Haiku und Prosa); ‚Wilde Blumen', 2024 (Audio-Album mit Liedern). www.volker-friebel.de/fluten-log

Gaćina, Ivan, *1981 in Zadar, lebt in Zadar (Kroatien). Schreibt Lyrik und Kurzprosa; diverse Veröffentlichungen in Anthologien (Lyrik, Kurzprosa, Aphorismen) und in literarischen Publikationen; diverse Auszeichnungen (Lyrik, Kurzprosa, Aphorismen).

Gebell, Dieter, 1956 in München geboren, zur Schule gegangen, an der LMU studiert, nach der Hochzeit aufs Land gegangen und vier Kinder großgezogen.

Gorfer, Helga Maria, *1958 aus Südtirol/Italien. Ihre Haiku werden seit 2020 in ihrer Heimat monatlich in einer lokalen Zeitschrift abgedruckt, in Bibliotheken ausgestellt und in Lesungen vorgetragen. Haiku-Werkstätten für Kinder; Veröffentlichungen in deutschen Magazinen, Kalendarien, Agenden und Anthologien sowie in japanischen Haiku-Zeitschriften. 2024 wurde sie als erste Haiku-Dichterin in der SAAV, der Südtiroler Autoren- und Autorinnenvereinigung aufgenommen.

Gosmann, Hans-Ulrich, *1954, Lyriker. Lübeck. Veröffentlichungen in Poesie Agenda 2025, DAS GEDICHT Band 32.

Graf, Gregor.

Großmann, Claus-Detlef.

Groth, Alexander, *1997, Wohnort: Neuenkirchen OT Ihlenfeld. Publikation: ‚Blütenschwarz' – Haiku aus schwierigen Lebenszeiten, Rotkiefer Verlag, Berlin, 2024.

Guggenmos-Walter, Ruth, *1959, lebt und arbeitet freiberuflich in Irsee im Allgäu. Ausbildung zur Silberschmiedin.

Haijin, Taiki, Steuerberater und Mediator, lebt seit dem Jahr 2000 in Wiesbaden. 1998-2005 Expeditionen nach Skandinavien und zu den Orkaden, Durchfahrt der Barrapassage. Mitglied der Deutschen Gesellschaft für Polarforschung. Buch: ‚Orangenschalen – Siebenundsiebzig Haiku‘, 2021.

Hansson, Claus, *1962 in Bordesholm, wohnhaft in Fargau am Selenter See. Studium der Ingenieurs- und Wirtschaftswissenschaften. Selbstständiger Massage- und Wellnesstherapeut, Shiatsu-Praktiker, Reiki-Meister. Trainer Karate, 5. DAN Schwarzgurt.

Hartmann, Gabriele, Höchstenbach, malt & fotografiert, schreibt & verlegt. Aktuelles Buch ‚am seidenen Faden‘, Haiku 2024, im eigenen Verlag: bon-say.de.

Hartmann, Georges, *1950, Höchstenbach, schreibt & fotografiert. Neuestes Buch: BLAUE WUNDER – Gedankenspiele, Kurztext & Haiku, 2025, bon-say.de.

Hartmann, Sylvia, *1959; Studium der Theologie in Wuppertal und Bonn; Promotionsstudium in Basel; Gemeindepfarrerin und Krankenhausseelsorgerin in Wuppertal; Autorin.

Haupeltshofer, Bernhard, beluha, *1955 in Offingen/Donau; arbeitet in München, in erster Linie Zeichner. Ausstellungen, Kataloge, unter anderen: ‚die gegenwart der linie‘, pinakothek der moderne. ‚die haut der zeichnung‘, galerie westend. ‚unbegreiflich genaue verwirrung‘, galerie westend.)

Heid, Birgit, *1961, aufgewachsen in Nürnberg, lebt in Landau/Pfalz. 1. Vorsitzende des Literarischen Vereins der Pfalz und Autorengruppenleiterin, Mitglied im Schriftstellerverband. Schreibt Lyrik und Prosa. Eigene Buchveröffentlichungen, zahlreiche Anthologiebeiträge. Veranstaltet Lesungen und literarische Gruppenevents. www.instagram.com/heidbirg

Heizmann, Hubert, *1952 in Zell a.H., wohnhaft in Lauffen a.N. Lehramt Deutsch und Kunst, Beschäftigung mit Haikus seit 2023.

Hesse, Torsten, *1956 in Magdeburg, Studium der angewandten Kunst (Holzgestaltung) in Schneeberg (Erzgebirge), lebt in Salzwedel (Sachsen-Anhalt).

Hölz, Wolfgang, *1937, lebt in Gräfelfing bei München, genießt den Ruhestand, malt Aquarelle, schreibt seit vier Jahren Haiku.

Holtz, Anke, *1971, geboren und aufgewachsen an der Ostsee, seit 1995 im Schwäbischen heimisch, Stadtbaumeisterin.

Holweger, Angelika, *1954, lebt in einem Dorf zwischen Neckar und Schwäbischer Alb. Ihre künstlerische Tätigkeit umfasst Malerei, Holzschnitt und Fotografie. Sie ist Mitglied beim Kunsttreff Dietingen und singt in einer Gregorianikgruppe.

Jacobson, Ilse, *1935 in Meinerzhagen, lebt in Mössingen. Bis 2002 tätig als Diplom-Sozialpädagogin Vorschul- und Sonderschulpädagogik.

Jung, Rüdiger, *1961. Evangelischer Pfarrer im Ruhestand im mittelhessischen Hinterland. 1989 Haiku-Preis zum Eulenwinkel. Zwei Haiku-Bücher: Strandgut (1989), Windsaat (2002).

Junghölter, Christoph, *1978, Sinologe, ist gerne bei Regen im Wald. Am liebsten staunt er und schreibt davon in Kurzgeschichten (booksnacks), Gedichten und ganz sicher bald in einem Krimi aus dem Ruhrgebiet.

Kähler-Timm, Hilde, *1947 in Holstein, lebt in Travemünde. Dipl.-Bibliothekarin, Studium der Germanistik und Kunstgeschichte. Kinder- und Jugendbuchautorin, Leiterin von Schreibwerkstätten. Aufsätze und Monographien zur Kulturgeschichte Schleswig-Holsteins.

Karl-Brandt, Deborah, *1981, lebt mit ihrem Mann, zwei Kaninchen und zahlreichen Büchern in Sinzig. Nach ihrem Promotionsstudium der skandinavischen Sprachen und Literaturen arbeitet sie als freie Autorin und Dichterin. Sie schreibt neben vielen Formen japanischer Kurzgedichte auch Fanfiction. Ihr erstes Chapbook ‚Der Geruch von Harz' erschien 2003.

Katz, Claudia, *1956 in Zürich, lebt und arbeitet in Zürich. Ausbildung zur Kindergärtnerin/Hortleiterin, Atemtherapeutin, Besuch der Kunstgewerbeschule in Zürich, freischaffende Malerin, Zeichnerin. Veröffentlicht 2012 im Waldgut Verlag, Frauenfeld, das Buch ‚vis – à-vis' mit Zeichnungen zu Texten von Edmond Jabès.

Kursteilnahme in der Schreibschule Sent bei Angelika Overath und Manfred Koch, schreibt Haikus und Gedichte. claudiakatz.art

Kempen, Silvia, *1958, lebt in einem Dorf im Ammerland, schreibt auch dem Haiku verwandte Lyrikformen.

Kiślak, Marek.

Klöcker, Rolf, *1931, Ulm, Studium der Wirtschaftswissenschaften in Köln, Promotion.

Knütter, Oliver Kai A., *1971 in Basel, aufgewachsen in München, lebt heute im Landkreis Pfaffenhofen a.d. Ilm. Studium der Literaturwissenschaft und Philosophie. Schreibt Lyrik und kurze Prosatexte. Youtube-Kanal mit Lesungen und Vorträgen. text-und-sein.jimdofree.com

Krebs, Gérard, *1946 in Bern (Schweiz), lebt in Helsinki. Schriftsteller. Privatdozent (Literatur und Kultur der Schweiz). Diverse Buchveröffentlichungen sowie drei Haiku-Bändchen. Zahlreiche Haiku-Veröffentlichungen vor allem in Deutsch und Englisch in Zeitschriften und Anthologien verschiedener Länder.

Krissel, Tobias, *1977, lebt in Kelkheim am Taunus, studierte Gesellschaftswissenschaften sowie Amerikanische Literatur und Literaturwissenschaft in Frankfurt am Main. Haiku und Musik.

Kullick, Nicole.

Kunz, Marianne, *1956, lebt in Tübingen.

Lange, Moritz Wulf, *1971 in Hamburg, lebt als freier Autor in Hamburg. Daneben ist er Ikebanalehrer der Sogetsu-Schule (Tokyo). moritz-wulf-lange.de

Le Marié, Roger, *1971, ist in Zürich Grafiker, Poet und staunender Harlequin auf der Suche nach den Grenzen des Seins ...

Leng, Georg, *1978 in der Wesermarsch; Kulturwissenschaftler; lebt und arbeitet in Leipzig; Dozent für kulturelle Bildung an der dortigen Universität; Haiku-Kurse für Studierende; seit 2024 Veröffentlichung eigener Gedichte.

Limbach, Eva, lebt und arbeitet in Saarbrücken an der Grenze zu Frankreich. Seit 2012 schreibt sie Haiku, Senryu, Haibun und Tanka in Deutsch und in Englisch. Mare Tranquillitatis: evamaria-limbach2.blogspot.com

Linke, Ramona, *1960 im Mansfeldischen, lebt in Salzatal/Beesenstedt, nahe der Lutherstadt Eisleben.

Lockheimer, Birgit, *1959 in Freiburg im Breisgau, lebt in Konstanz. Studium der Romanistik und Germanistik, arbeitete über 30 Jahre als Verlagslektorin. 2013 stieß sie beim Redigieren eines australischen Buchs auf Haiku, seitdem schreibt sie Haiku und Haibun.

Ludwig, Horst, *1936 in Ritterswalde, Oberschlesien, lehrte lange am Gustavus Adolphus College in den USA, als Austauschprofessor in Japan zwei Jahre intensiver persönlicher Kontakt mit Yukio Kotani, emeritiert seit 2012, lebt jetzt in der Seattle-Metropole. Mitarbeit im Pegnesischen Blumenorden von 1644, in Haiku-Gesellschaften verschiedener Länder und in literarischen und sprachwissenschaftlichen Vereinigungen. 1993 Robert-L.-Kahn-(Lyrik-)Preis; mehrere Preise für Haiku und Tanka. Besonders interessiert am Haiku als sprachlichem Kunstwerk und dessen Analyse.

Martin, Robert Patrick, *1968 in Mannheim, lebt als freier Autor an der Ostsee (Romane, Sachtexte, Gedichte, Kurzgeschichten). Studium an der Hochschule der Polizei Baden-Württemberg. 2019 ausgestiegen, seither Künstler (Holzobjekte, Schwarz-Weiß Fotografie, Kunst aus Abfall etc.). Bücher: ‚Haiku – Mäuse im Ohr‘ (2022) und 2023 die Trilogie ‚Aufwärts‘, ‚Seitwärts‘, ‚Abwärts‘ (Gedichte, 2023). robert-patrick-martin.de

Martini, Werner.

Matthes, Gaby, *1962 in Mannheim, Juristin, Öffentlichkeitsarbeiterin, Therapeutin (HP-Psych.), Lyrikerin und Autorin, lebt und arbeitet in Bonn und Eich/Rheinhessen. Heilsames Schreiben in Workshops und Kursen: Haikus, Elfchen und andere Kurzformen. www.yourvision.eu

Meinerts, Ingrid, *1951, lebt in Bremen, schreibt Haiku und anderes.

Michel-Erne, Diana, *1970, wohnt in Baden (Schweiz). Gelernte Typografin, Dipl. Pflegefachfrau HF. Freut sich über Kühe mit Hörnern. Veröffentlichungen in Anthologien.

Mieger, Ruth Karoline, *1946, lebt in Wiesbaden.

Miesen, Conrad, *1952 in Neuwied am Rhein, lebt heute in Anhausen im Westerwald. Studium der Germanistik, Philosophie und Pädagogik in Bonn und Köln. Schwerpunkte des Schreibens: Lyrik, Kurzprosa, Hörspiel und Essay. Haiku-Preis zum Eulenwinkel 1999. Buchveröffentlichungen, u.a. ‚Herbstvokabeln'. Gedichte 2000 und ‚Flammen aus der Asche'. Essays zum Werk vor Günter Eich 2003.

Nickolay, Eleonore, *1957 in Koblenz. Lebt in der Nähe von Paris. Haiku und Haiga seit 2013 in Deutsch, Französisch und Englisch. Mitglied der ‚Association Francophone de Haïku', im Vorstand der Deutschen Haiku-Gesellschaft, Mitarbeiterin in den Redaktionen der Vierteljahresschriften ‚Sommergras' und ‚Gong'.

Oesterheld, Lisa F., *1957, lebt in Vechta; Seelsorgerin i. R., Kursleiterin und Autorin; Gedichtbände u.a. ‚Hymne ans Leben' (2019), ‚Gottesschimmer' (2016). www.lisaoesterheld.de

Pettke, Ludmilla.

Petzold, Jutta, *1953 in Hildesheim, lebt in Braunschweig. Lehramtsstudium, Ausbildung in Poesietherapie und Biografiearbeit. Seit ihrer Jugend schreibt sie gerne, vor allem Lyrik. Veröffentlichungen von Haiku, Lyrik und Sachtexten in Zeitschriften, Anthologien und im Internet. Mitglied der AG Literatur der Braunschweigischen Landschaft e.V.

Pfaller, Rudi, *1949, pensionierter Lehrer, lebt in Remshalden.

Pohl, Maximilian, *1996. Aus Mühlhausen in Thüringen. Projektmanager/Planer von Trassenprojekten. Bachelor in Architektur und Master in Erneuerbare Energien Management.

Popović, Tihomir, *1974 in Belgrad. Professor für Musikgeschichte und Musiktheorie, lehrt und forscht in Luzern und Hannover. Bücher und Artikel zur Musik vom 9. bis zum 20. Jahrhundert. Schreibt Lyrik und Haiku auf Deutsch. Seit 2022 Autor am Lyrik-Projekt ‚Der goldene Fisch': der-goldene-fisch.de/ping/author/88tihomir/ 2025 soll sein Gedichtband ‚stumme sprengungen' in der edition offenes feld erscheinen.

Possél, René, *1949 im Ruhrgebiet, wohnt am Rand des Odenwaldes. Studium der Philosophie und Katholischen Theologie; Trauerredner und Wortsteller, verfasst Nekrologe, hält ökumenische Predigten und Vorträge.

Preiß, Willemina, *1953 in Holland geboren. Lebt seit 2003 in Coburg. Seit 2017 eingebürgert. Absolvierte Fernkurse (Prosa, Gedichte). Schreibt Kurzgeschichten, Haiku und Senryu und ab und zu ein Sonett.

Raab, Sonja, *1975 im Ybbstal/Niederösterreich. Schamanin, Kolumnistin und freie Autorin, mehrere Bücher. ‚Woman Award' für soziales Engagement, Ehrung von Amnesty International, Löwenherz-Preis durch das Land Niederösterreich.

Rakowski, Jörg, *1962 in Essen, lebt bei Bremen, Imayaki-Keramik.

Reklies, Bernd, *1955, Studium der Informatik, lebt in Schönberg (Holstein). Neueste Veröffentlichung: ‚Haiku aus der Probstei', BoD, 2024. HaikuProbstei.de

Riehemann, Renate Maria, *1955, Osterode am Harz, Dichterin und Erzählerin. Initiatorin des Lyrischen Gartens sowie des Literaturpreises Harz. Vorsitzende des Vereins ‚Lyrik lebt e.V.'. Mehrere Einzelveröffentlichungen, zuletzt: ‚Von Weitem Kraniche', Rotkiefer Verlag, Berlin, 2022; ‚Schneevogel', Verlag der 9 Reiche, Berlin, 2023.

Rödig, Wolfgang, *1965 in Straubing, lebt in Mitterfels. Veröffentlichung von mehr als 900 belletristischen Kurztexten in diversen Anthologien, Literaturzeitschriften, Tageszeitungen, Kalendern und Magazinen.

Salzer, Reni, *1984 in Potsdam, kaufmännische Angestellte, lebt mit Familie im Erzgebirge auf einem Bauernhof nah an der Natur.

Sauer, Frank, *1952 in Perleberg, lebt in Wolfenbüttel und arbeitete als Verlagslektor in Braunschweig. Malt, fotografiert und schreibt Gedichte, Haiku, Kurzprosa. Beiträge in Anthologien und Zeitschriften. Bücher: ‚WinterPark: Haiku – Haibun – Fotografien von Sanssouci', Rotkiefer Verlag, 2023; ‚JahrGang': Haiku, Haibun, Rotkiefer Verlag, 2024.

Schaffelhofer, Jörg, *1959 in Marl/NRW, lebt in Südhessen und arbeitet im IT-Bereich einer Bank. Er schreibt Haiku und andere Kurzlyrik sowie Kurzprosa. Gedichtband ‚Mein Leben schreibt melancholisch‛ (2020). Ein Band mit Kurzprosa ist in Arbeit.

Schaldach-Helmlechner, Birgit, *1961, lebt und arbeitet in Schlüchtern.

Scharnweber, Tim, *1969, Naturwissenschaftler, stolperte erst kürzlich abseits üblicher Pfade über ein Buch mit Haiku.

Schernikau, Michael Rasmus, *1985 in Nürnberg, lebt in Bad Tölz. Studierte Italienisch und Germanistik (Promotion 2012). Schriftsteller.

Schettler, Gabriele, *1963 in Blaustein, lebt in Kassel, Künstlerin, Fotografin, Mediendesignerin, Poetin.

Schmidt, Annika Carmen, *1979 in der Wesermarsch. Lyrikerin, veröffentlichte zahlreiche Gedichte, Interviews und Essays zu Kunst, Kultur und Literatur in Anthologien, Zeitschriften & Radiosendungen, ist Mitglied im Verband deutscher Schriftstellerinnen und Schriftsteller in ver.di und wohnt im Wedding.

Schmidt, Benno, *1964, lebt im Münsterland in der Nähe des Ruhrgebiets, schreibt gelegentlich Haiku, Senryu und andere Mikrogedichte.

Schmitt, Angela, *1955 in München, lebt in der Südpfalz, Studium Pädagogik und Kunsterziehung, Lehrerin i. R., 2024 Texte bei Haiku heute und Haiku-Preis, in Sommergras, bei HiF und in Lotosblüte 2024 der ÖHG.

Schneider, Kristoffer, *1993, wohnt in Halle (Saale), Informatiker im Bereich Software-Entwicklung und IT-Sicherheit.

Schneider, Silke.

Schreiber, Dyrk-Olaf, *1954, Germanistikstudium (M.A.), kaufmännische Ausbildung, im Ruhestand; schreibt hauptsächlich Lyrik, kurze Prosa, aber auch Haiku und Tanka; viele Veröffentlichungen in Gedichtesammlungen.

Schulz Blank, Helga, *1948, wuchs in Berlin auf, seit 1994 wohnhaft in Esslingen/Neckar, Sozialpädagogin, schreibt Haiku und Gedichte.

Schulze Frenking, Marie-Luise, *1960, wuchs im Münsterland auf und lebt mit ihrer Familie in der Nähe von München.

Schwarzfeld, Kea, *1970, lebt im Wolfenbütteler Landkreis, arbeitet als Coach, fotografiert und schreibt Lieder, Lyrik und (Kurz)-Geschichten nicht nur für Kinder und Schmetterlinge, www.kea-schwarzfeld.de

Schweichler, Rouven.

Seelig, Regina, *1944 am Kaiserstuhl, lebt heute in Grafing b. München. Mitglied im Haiku-Kreis der Deutsch-Japanischen Gesellschaft in Bayern. Mit diesem mehrere Veröffentlichungen.

Seithe, Angelica, *1945 in Bad Lauterberg, lebt im Kreis Gießen und in München. Psychologische Psychotherapeutin, Dozentin. Zahlreiche Veröffentlichungen in Zeitschriften und Anthologien. Neun Lyrikbücher, zuletzt erschienen: ‚Im Schatten der Äpfel' (2016) und ‚Solange wir bleiben im Licht' (2020), beide in der edition offenes feld. Mehrere Auszeichnungen bei Wettbewerben sowohl für Lyrik als auch für Haiku. www.angelica-seithe.de

Sindermann, Georg C., *1958, lebt in Hessen. Wirtschaftswissenschaftler, Coach und Autor.

Sommerkamp, Sabine, *1952 in Hamburg. Seit 1997 als Honorarkonsulin der Republik Lettland in Hamburg tätig. Studium der Germanistik, Anglistik / Amerikanistik, Erziehungswissenschaft, Japanologie und Vergleichenden Religionswissenschaft. 1984 Promotion zum Dr. phil. mit einer Arbeit zum Haiku: ‚Der Einfluss des Haiku auf Imagismus und jüngere Moderne – Studien zur englischen und amerikanischen Lyrik'. 1981-1985 Einrichtung und Redaktion des ‚Haiku Spektrum' in der Literaturzeitschrift ‚apropos', dem ersten regelmäßig erscheinenden Forum für die deutschsprachige (und englischsprachige) Haiku-Dichtung. 1981-1988 Vizepräsidentin des Senryu-Zentrums. Mitbegründerin der Deutschen Haiku-Gesellschaft. Mehrere Literaturpreise (USA, Deutschland, Japan). Zahlreiche Veröffentlichungen im In- und

Ausland. ‚Im Herzen des Gartens – Tanka und Haiku‘, Rotkiefer Verlag, 2024; ‚Lichtgedanken – Gedichte‘ Steinmann Verlag, 2025. www.sabine-sommerkamp.de

Speier, Martin, *1962, lebt auf dem Land in Bayern und arbeitet in einer Klinik.

Stania, Helga, geboren in Siegen, Studienabschluss in Biologie, Geographie, Pädagogik; Lehramtstätigkeit; lebt seit 1990 in der Schweiz; Haiku, Tanka, Haiga, Haibun und Kettengedichte. Buch: Steinglyphen und Traumlogik (2024). www.ahaiga.ch

Stehr, Heike, *1968 in Thüringen, lebt in Moers (NRW), arbeitet als Kunsttherapeutin in ihrer eigenen Praxis >kunstlebendig<. Die Künstlerin in ihr schreibt, fotografiert, experimentiert, collagiert, zeichnet, malt ...

Steiner, Thomas, *1961 bei Reutte/Tirol, lebt in Neu-Ulm. Physiker, Fachübersetzer. Schreibt Haiku und andere Gedichte. Drei Buchveröffentlichungen.

Tauchner, Dietmar, *1972, lebt in Südniederöster-reich als Autor (Haiku, Lyrik, Prosa, Drama, Essay), Sozialpädagoge & Reisender. Haiku-Publikationen in zahlreichen Ländern. Mehrere Haiku-Preise.

Thum, Hubertus, lebt in der Nähe von Hannover. www.haikuscope.de

Tiefensee, Tobias, *1984, beschäftigt sich seit 2017 mit dem Haiku. Er schreibt auch andere lyrische Texte und Kurzprosa. Lebt und arbeitet in Bremerhaven.

Timm, Angela Hilde, *1964 in Hamburg, lebt und liebt im Landkreis Stade. Schreibt seit ihrer Kindheit. Eintritt in die Haikuwelt 2013. Fernstudium Kunstge-schichte (2021) und KUNST verstehen 2024 abge-schlossen. Mitglied der GZL, Leipzig.

Tischow, Barbara, *1954, wohnt in Jena, Diplom-mathematikerin, jetzt Rentnerin, Autorin, Kurzprosa, Gedichte, etliche Veröffentlichungen in Anthologien, Preise bei Schreibwettbewerben.

Titelbach, Ulrike, *1971, lebt in Wien. Sie ist Autorin, Herausgeberin sowie promovierte Germanistin und unterrichtet am Institut für Deutsche Philologie der Universität Wien (u.a. Literatur und Kreatives Schreiben). 2021 wurde in der edition offenes feld ihr erster Lyrikband ,Fragile Umarmungen' publiziert. ,Nachtschatten im Frauenhaarmoos. Phytopoetische Dialoge' (gemeinsam mit Sofie Morin) erscheint 2025 in der Edition Melos. Für ihre literarische Arbeit erhielt die Autorin mehrere Preise und Stipendien, zuletzt den Feldkircher Lyrikpreis 2023.

Vriede, Anna, *2003, lebt und studiert in Leipzig. Schreibt Haiku und Kurzprosa, experimentiert mit Kunst und Sprache.

Weber, Jennifer H, *1970, Karlsruhe. Promovierte Physikerin, freischaffende Künstlerin (Zeichnungen, Speckstein-Skulpturen, Lyrik, Kurzprosa). Haiku-Band ,Geborgen im Zeitenstrom. Haiku-Dialoge' (gemeinsam mit Thomas Berger), edition federleicht, 2023. Betrieb des ,Haiku-Kanals' und ,Haiku Poems' auf YouTube. 2023-2024 Führung des wöchentlich upgedateten Internet-Haiku-Tagebuchs ,Unter meinem Balkon'. jhw-arts.de

Weber-Strobel, Elisabeth, *1955, lebt in Heidenheim, sie ist von Beruf MTRA, liebt Literatur und beschäftigt sich mit Haiku.

Wenzel, Claudia, *1971, wohnhaft in der Oberlausitz, Arzthelferin.

Winzer, Friedrich, *1941 in Marburg/Lahn, lebt im hessischen Biedenkopf-Breidenstein, war früher Drogist, staatlich geprüfter Schwimmmeister und Augenoptiker, seit über 40 Jahren begeisterter Funkamateur und Morsetelegrafist.

Wirth, Klaus-Dieter, *1940, lebt in Viersen am Niederrhein bzw. im Weindorf Burg an der Mosel. Neuphilologe (Englisch, Französisch, Spanisch, Niederländisch). Aktives Mitglied in mehreren internationalen Haiku-Organisationen. Von Anfang an, seit 2007, Mitherausgeber des deutsch-englischen Internet-Haiku-Magazins ,Chrysanthemum'. Zahlreiche Veröffentlichungen von Haiku, Essays und Büchern in verschiedenen Sprachen, zuletzt ,Der Ruf des Hototogisu – Grundbausteine des Haiku', Teil I (2019) und Teil II (2020), Allitera, München, sowie ,Japanisches Glossar rund um das Haiku und verwandte Kunstformen im Rahmen der japanischen Kultur`, Rotkiefer Verlag, Berlin, 2022.

Worf, Marion, *1979, lebt in Dresden, tätig als Psychotherapeutin. Schreibt Lyrik und Prosa.

Zeller, Birgit, *1977, lebt in Altbach und arbeitet als MTA. In ihrer Freizeit ist sie fotografisch-künstlerisch tätig. www.birgit-zeller.de

Zeraschi, Romano, *1947, lebt in Parma, Bardi und Cinque Terre. Abschluss in Soziologie. Schreibt Haiku, Haibun, Haiga und Kikobun.

Mitgliedschaften: Viele der Autoren sind Mitglieder der Deutschen Haiku-Gesellschaft (DHG: haiku.de), manche Mitglieder in der Österreichischen Haiku Gesellschaft (ÖHG: www.oesterr-haikuges.at). Im Einzelnen aufgeführt wurden, sofern von den Autoren erwähnt, nur Funktionsstellen in diesen literarischen Gesellschaften. Mitgliedschaften in anderen Gesellschaften wurden, soweit literarisch interessant, alle genannten aufgeführt.

Archiv

Bisher erschienene Haiku-Jahrbücher:

2003: Gepiercte Zungen: 153 Haiku von 37 Autoren.
2004: Der Lärm des Herzens. 142 Haiku von 35 Autoren.
2005: Worte für die Wolken. 100 Haiku von 36 Autoren.
2006: Feine Kerben. 163 Haiku von 55 Autoren.
2007: Große Augen. 226 Haiku von 60 Autoren.
2008: Lauschen der Bach. 108 Haiku von 53 Autoren.
2009: Spuren der Wasserläufer: 187 Haiku von 68 Autoren.
2010: Kirschblütenwind: 314 Haiku von 94 Autoren.
2011: Regler ins Weiß: 352 Haiku von 98 Autoren.
2012: Träume teilen: 387 Haiku von 111 Autoren.
2013: Entropie der Worte: 500 Haiku von 111 Autoren.
2014: Unter dem Milchschaumherz: 591 Haiku von 109 Autoren
2015: Zwiegespräch mit dem Irrlicht: 606 Haiku von 120 Autore
2016: Südwind: 596 Haiku von 115 Autoren.
2017: Leichte Fracht: 556 Haiku von 116 Autoren.
2018: Morgennachrichten: 553 Haiku von 116 Autoren.
2019: Honigspur: 604 Haiku von 121 Autoren.
2020: Nebelland: 647 Haiku von 123 Autoren.
2021: Quarantäne unter Sternen: 598 Haiku von 129 Autoren.
2022: Temperatursturz: 644 Haiku von 133 Autoren.
2023: Aufbrüche: 571 Haiku von 122 Autoren.
2024: Im Gegenlicht: 664 Haiku von 143 Autoren.

Außerdem hingewiesen sei auf das Grundlagenwerk:
Volker Friebel (2019): Das Haiku. Grundwissen –
Vertiefungen – der Horizont.

Alle Bücher können im Buchhandel bestellt werden.
Freie pdf-Versionen aller Haiku-Jahrbücher gibt es
auf www.haiku-heute.de/jahrbuch